常春藤传记馆

温儒敏／主编

U0889837

“诗圣”

杜甫传

李亚祺　著

長春出版社
国家一级出版社
全国百佳图书出版单位

图书在版编目(CIP)数据

“诗圣”杜甫传 / 李亚祺著. —长春 : 长春出版社, 2019.1
(常春藤传记馆)
ISBN 978-7-5445-5443-5

Ⅰ. ①诗… Ⅱ. ①李… Ⅲ. ①杜甫(712–770)–传记 Ⅳ. ①K825.6

中国版本图书馆 CIP 数据核字(2018)第 274092 号

“诗圣”杜甫传

著　　者:李亚祺
责任编辑:闫　言
封面设计:楠竹文化

出版发行:長春出版社　总编室电话:0431–88563443
编辑室电话:0431–88525948　发行部电话:0431–88561180
地　　址:吉林省长春市建设街 1377 号
邮　　编:130061
网　　址:www.cccbs.net
制　　版:荣辉图文
印　　刷:长春第二新华印刷有限责任公司
经　　销:新华书店

开　　本:787 毫米×1092 毫米　1/32
字　　数:118 千字
印　　张:7.625
版　　次:2019 年 1 月第 1 版
印　　次:2019 年 1 月第 1 次印刷
定　　价:19.80 元

总 序

温儒敏

十多年前，我主持人民教育出版社高中语文教材的编写，其中选修课就专门设置有《中外传记选读》一种，我自己还动手编写了这本教材。因为受高考“指挥棒”影响，一般学校的选修课未必真能让学生自主选修，很多选修教材编出来都没有使用，但《中外传记选读》一直很受欢迎，每年都有重印。这让我对传记的阅读推广有了特别的关注。

我还注意到最近三四年高考语文试题命制的一种趋向，无论全国卷还是其他省市卷，阅读题往往都选传记作为材料。比如2016年全国卷的甲、乙、丙三个卷子，文言文阅读的材料全是传记，包括《明史·陈登云传》(甲卷)、《宋史·曾公亮传》(乙卷)和《明史·傅珪传》(丙卷)；现代文阅读的实用类文本也多用传记，节选了《吴文俊传》和《陈忠实传》。可见传记阅读越来越受到重视，考试也有意往这方面引导。

中小学语文教材也应当多选一些传记。现在

教育部正组织编写一套新的义务教育语文教科书，聘我担任总主编，这套新教材就选了不少名人传记，并鼓励学生多读传记。

为什么中小学生要多读传记？我曾在《中外传记选读》的前言中说过理由，这里不妨转述一下：

> 同学们都渴望能拥有健全、快乐和成功的人生，现在的学习阶段就在做准备，而且其本身就已经是你人生经历的一部分。我们该怎样设计自己的人生？当然最重要的还是学习。除了学习文化知识，还要从历史人物或者成功的人物身上学习宝贵的生活道理、人生哲学以及获取成功的途径。这就是励志教育，是人生教育中非常重要的部分。人都需要不断添加生活的动力，特别是在年轻的时候，要有偶像和楷模，有高远目标的激励。如同英国思想家培根所说过的：“用伟人的事迹激励我们，远胜一切的教育。”让同学们从那些杰出的成功的人物身上吸取人生的经验，从前人多种人生道路的选择中寻找我们各自的“契合点”，这就是我们设立这门课的主要目的。

这里说的“设立这门课的主要目的”，其实

也是我们推出这套“常春藤传记馆”丛书的目的。

“常春藤传记馆”丛书由北京大学语文教育研究所组织编写，长春出版社出版。丛书每本10万字左右，其选目、内容和写法都是为中小学生“量身定制”的。我们希望这套丛书能作为基本图书进入中小学图书馆。和其他同类传记图书相比，“常春藤传记馆”丛书有四个特色：

一是传主覆盖范围广。包括中外古今各个领域的名人，涉及政治、军事、科学、实业、社会活动、文学、艺术、革命等领域。重点考虑有代表性的、在精神层面可以给学生激励的那些名人。

二是和课程教学有呼应。中小学除了语文，各个学科的教材和教学都会涉及中外古今各个领域的著名人物，选择主题首先考虑这一情况，选取学生有所接触又可能希望进一步了解的那些名人。这可以满足学生不同的兴趣爱好。

三是专门为中小学生编写。本套传记不是专业性强的评传，而是重在勾勒传主生平事业贡献的小传，内容和文字力求深入浅出，生动形象，有趣有味。阅读对象接受水平可以定位在初中程度，也可以稍高一点。特别是有些理科方面的传记，主要面对高中生。其实，小学生的课外阅读也要取法乎上，他们可以读这套为中等文化水平

的读者设计的书。

四是内容安排上特别注重励志及健全的人格心理引导培养，在叙说传主生平事迹时，适当地自然地凸显这些方面的思考。

丛书取名“常春藤传记馆”，有特别的含义。“常春藤”是一种多年生常绿藤类灌木。美国哈佛大学等几所著名的私立大学，组成体育联盟，叫“常春藤盟校”，其起名是因为这些老校的校舍墙上常攀缘有常春藤。本丛书以“常春藤传记馆”作为标识，是虚拟的意象，可以联想到著名的学府，也可以联想到古代的书院，从而营造浓郁的阅读氛围和宁静的心境。另外，“常春”和“长春”同音，暗含这套丛书是由长春出版社出版的。

但愿广大师生喜欢这套书，也期盼大家提出批评建议，共同来经营好这套书，让“常春藤传记馆”更好地满足广大读者，特别是中小学生课外阅读的需求，满足语文教学的需求。

2016年6月30日济南历下

（温儒敏，山东大学一级教授，北京大学中文系教授，教育部聘义务教育语文教科书总主编）

前　言

712年8月，唐玄宗李隆基即位，李隆基政治斗争经验丰富，治国理政，铁腕与智谋并存，大唐盛世，还经得起折腾，开元盛世注定灿烂。只是，命数叵测，一来，唐代开放的国家政策带来了文化和经济的高度繁荣，但用人为亲，也渐渐埋下了隐患；二来，玄宗见过太多野心勃勃又自作聪明的女人，几十年的励精图治，也几乎未曾有过真正人伦之乐的玄宗，未曾想过，当他对一个在他看来只爱吃荔枝只爱傻乎乎唱歌跳舞赏花弄月的女人着了迷，或者说，根本是他对自己的任情恣意、自恋自信着了迷时，大唐花落一地，风云所起，苍生的命运似乎一开始也已冥冥中有了暗示。

随着这场命数一同起落沉浮的，还有我们的诗人杜甫。712年正月，杜甫在洛阳以东，黄河南岸的巩县降生。

目录
contents

第一章　清流之家 / 001

先祖与叔父 / 001

京兆杜氏 / 010

"诗是吾家事" / 014

第二章　漫游与娶妻 / 019

吴楚漫游 / 019

落榜进士 / 031

妻子杨婉 / 041

第三章　"谪仙人"李白 / 044

李杜相遇 / 044

宴饮梁园 / 051

首阳山下 / 059

第四章　困守长安 / 063

初到长安 / 063
野无遗贤 / 071
父亲离世 / 082

第五章　“三大礼赋”与《兵车行》/ 088

卖药糊口 / 088
献赋与作诗 / 093
结伴而游 / 100

第六章　安史之乱 / 113

做官与归家 / 113
国家内乱 / 123
辗转赴灵武 / 125

第七章　乱世为官 / 137

授左拾遗 / 137
鄜州省亲 / 142
班师回朝 / 154

第八章　人间悲歌 / 164

“三吏”“三别” / 164
“国破山河在” / 176
泪洒秦州 / 184

第九章　巴蜀岁月 / 196

成都草堂 / 196
茅屋为秋风所破 / 202
幕府生活 / 210

第十章　夔州与湘楚 / 218

风雨孤舟 / 218
悲秋怀想 / 222
湘水挽歌 / 227

第一章
清流之家

先祖与叔父

杜甫曾祖父杜依艺，襄阳人，来河南巩县任县令的那一年，全家老少一同迁来巩县，安家在首阳山下的南瑶湾。

唐贞观二十年（646 年），杜甫的祖父杜审言诞生，于是，杜甫的祖籍便由湖北襄阳改写为河南巩县。

唐代的巩县南瑶湾是船户云集、人口辐辏的商埠要津，也是洛口仓的粮食转运码头。距县城东二里、距瑶湾渡仅百步之遥有条东泗河，古称魏氏河，是洛河的一个支流。近处有座北起七里铺、南至青龙山的黄土丘陵，在唐代称为“鸠龙岭”。鸠龙岭绵延数十里，南北横卧，是巩县中东部的天然屏障，此“龙”在黄河南岸转弯处翘首，龙后腰部有一处突出的黄土崖，崖上三峰并立，乃鸠龙之爪，后世的人们管它叫笔架山，因为这是杜甫的诞生地。

杜甫出生在清流之家，所谓清流，通常指家族历代做官，是德行高洁负有名望的士大夫，这类人对身份的认同是他们在社会中的立身之本。

杜甫常提起自己的十三代祖杜预，杜预是声名卓著的军事家，又学养深厚，是个通才。

数百年中，“以计代战一当万”的杜预都被视为家族辉煌的顶点，但这个令后人骄傲的征南大将军其实并不骄傲，甚至丝毫看不出武将的威严与戾气，反而像个教书先生一般手不释卷。祖辈几代人的命运跌宕，自己几十年征战杀伐的胜败荣辱，仿佛都不及他手中的书重要。但书对他的确太重要了，从垂髫童子到垂暮老人，杜预曾经无数次与死神错身而过，靠的不是运气，而是过人的知识和胆识。

但成就“杜武库”盛名的不仅是知识，还有杜预高洁的志向和坦荡的胸襟。作为镇守荆州的最高指挥官，他依然看着参将们看不懂的书，漫不经心而又滴水不漏地一次次把危机转为胜机。

也许皇帝陛下希望杜预在朝堂之上再打一次漂亮的胜仗，一纸诏书将他升为专门监察中央高官的司隶校尉，但杜预刚刚走到鄂豫交界的邓县，就永远地停下了脚步，终于遂了他安静淡然的夙愿。

但对于杜家的后人来说，真实的杜预是什么样其实并不重要，重要的是这个曾被皇帝陛下追封征南大将军，谥号成侯的大人物是他们的先祖，他们身上流淌着这位大人物的血液。

只是，世事坎坷，这是杜甫之父杜闲最沮丧的一天——父亲离去好几年，现在，妻子留下杜甫，也要离去。

灵堂前，杜闲看着这个眼神清澈的儿子，那孩子呆呆地站在角落，像是不明白发生了什么。他的麻衣麻衫那么宽大，裹在丧服里的他几乎要消失在那样一堆粗布里。他是杜甫，父亲杜闲觉得这个儿子沉默起来写满忧愁的小脸很像自己的弟弟。

他想起了弟弟和父亲离去时，明堂也是这样彻夜不息地燃着灯火，而再早几年，离开神都洛阳也不过是昨日的事，那时的自己还是洛阳丞的二公子，远大前程仿佛已在向他招手。

然而，八年之前，父亲杜审言先是因事连坐被贬官，由炙手可热的洛阳丞左迁至吉州司户参军，随即又受到同僚郭若讷的排挤，被司马周季重诬陷下狱，杜闲带着弟弟杜并点头哈腰地找人上下打点，得到的却都是摇头和叹息。

“父亲会做那种事吗?”杜闲心中也曾有一丝的犹疑，父亲杜审言是个性情中人，并不擅长做官，几起几落，在武后时红极一时，更多是因为诗，却也遭到诟病。

但一想到父亲那张永远喜怒必形于色，开心起来站在桌子上吟诗的样子，他不自觉地皱了眉，为自己的想法感到内疚。父亲那个碰到不喜欢的人又冷嘲热讽孤高疏狂到不可一世的诗人，那个即使身在大狱，面对着其他囚犯的冷嘲热讽和狱卒有意无意地凌辱折磨，一声不吭像一块石头的小老头，怎么可能对周司马行厌胜之术?陷害父亲的人不但要剥夺他的生命，更要剥夺杜家的家族名誉，以最卑鄙却最有效的方式。

一想到这里，杜闲就感觉血液在胸膛中灼烧着五脏六腑，杜闲太知道父亲对这个家意味着什么，父亲固然平日里言语多疏狂，却从未有辱门庭，此番遭人陷害，归日不可期，他是长子，他应当做些什么。

然而那日上午，弟弟杜并的神情是肃穆的，家人几日寝食难安，此时的杜并沉默地啃着一块面饼，眼里有血丝，他觉得嘴里的面饼也充满了血的咸腥味。他继承了父亲的血脉，那血脉里有种暗流汹涌的意志，便是为了捍卫名誉不惧任何牺牲，他应该为这个家做些什么，他必须要去做这些，用与哥哥杜闲截然不同的方式。

一个十三岁的孩子，他是平静的，只是用力地大口吃着那个已经冷透的面饼。

很快，杜并换上那身纯白的圆领衫和丝履，在铜镜前正了正幞头，镜中的面容消瘦苍白且略带稚嫩，他抿起的干裂嘴唇，微凸的颧骨有着晌午阳光的弧线。他再次摸了摸左袖中那把带着自己体温的匕首，头也不回地向着门外走去。阳光和树影把杜并的影子拉得时长时短时破碎，直到看不出人的轮廓——司马府的门前绿意盎然，宾客熙攘。

“张公子到”“王员外到”！负责迎客的仆从们小步不停，一边擦汗一边赔着笑脸把客人们迎入府中，生怕出了差错。

杜并迈步向着张灯结彩的府门走去，黑色的影子在五颜六色的光团下更显瘦小。“敢问公子是哪位大人府上的？”一个与杜并年纪相仿的仆从笑着迎上来带路。“杜”，杜并开裂的嘴唇中迸出一个字，脚步不停地向着喧嚣之处走去。“杜？”仆从一时间没有反应过来，但眼见杜并身着华服、神情倨傲，只好讪讪地退到了一边。

宴会的主人周季重已有了七分醉意，他望着高朋满座的宾客，慢慢地把手滑落到身边美妾的腰间，心中的得意无以复加。刚从洛阳赶回来的老仆人喜滋滋地回禀，张易之大人不但收下了他奉上的珍玩，还轻描淡写地说天后也听过周司马在吉州干得不错，忠心可嘉。

得到张大人赏识，就等于得到了天后的赏识——周季重一边幻想着自己晋升刺史的美景，一边端着酒杯向着宾客们走去，手中的酒随着他身体的晃动不断沿着杯壁洒出……

一杯、一杯、又一杯，随着举杯的节奏越来越快，周季重的心情也越来越好，眼前的路仿佛就是通向大明宫宣政殿的石阶，再没有什么可以阻挡他飞黄腾达的梦想。

想到这里，周季重突然厌恶地皱了皱眉头，仿佛又看见了杜审言那张倨傲的脸，“一个从七品的贬官还敢和我抖威风，简直是螳臂当车”，但厌恶感瞬间就被眼前的喧闹冲散了，又一波希望巴结司马大人的宾客矮着身子鱼贯向他走来。他侧着头眯着眼，唇边露出一抹微笑，却没注意到人群中有一个人始终用冷峻的眼神盯着他。

觥筹交错间，杜并端着酒杯迎上前去，周季

重刚要开口，却在这年轻的脸上看到了寒意。他盯着自己的眼睛，眼神很专注，紧抿着嘴，似乎接近笑意，却能感觉到他似乎紧咬牙关，呼吸也很粗重。

很快，那身影撞入了他的怀中。

奇怪的是，伴随着白影而来的还有一股从腹部传来的透骨凉意，这让周季重混乱的思维和模糊的双眼都在一瞬间清醒了起来。

睚眦欲裂的杜并恶狠狠地盯着他，干裂的嘴一开一合地向他说着什么，但他一个字都听不到，耳边唯一传来的只有宾客们的尖叫声。

腹部的绞痛感让周季重低下了头，不可置信地发现自己左下腹刺着一把匕首，他左手握住匕首，微颤着嘴仿佛想拉住杜并，急切赶来的卫士像老鹰抓小鸡一样按住了杜并。

周季重用仅剩的力气望向杜并的方向，少年白衣的袖上沾满了星星点点的鲜血，随着杜并的挣扎像一只只展翅欲飞的蝴蝶。随着几声骨肉撕裂的钝音，那些蝴蝶骤然被抽走了生命力，少年静静地融入白衣上快速绽放的深红色花朵，像一幅壮美的泼墨山水，又像神都洛阳春天的牡丹。

“在下是杜审言之子杜并！”眼前的年轻人喊道，声音因激动而颤抖。

杜并被卫士刺倒在地，受到惊吓的宾客一点点围拢过来，窃窃私语，看着这个瘦弱的少年，疑惑着这么纤薄的身躯刚才怎能发出野兽一般的嘶吼和力量。也有人注意到，杜并向上仰望的眼中，逐渐沁出泪水，混着他嘴角流出的血，一起浸润在大厅的石地上，他这一瞬间才像是个委屈的孩子。

司马府的内堂，三个神情凝重的大夫在一旁耳语对视后，不约而同地摇了摇头。其中一个胡子花白的老大夫小心翼翼地向床边满面泪痕的周夫人说道：“启禀夫人，司马大人伤在肝部，血流不止，我等医术浅薄，已经无能为力了。”他的声音虽然颤颤巍巍，但语气十分肯定。听到大夫的话，斜倚在床上的周季重突然睁开了眼，喃喃地说道：“没想到杜审言竟然有这样的好儿子，是我看错了，郭若讷误我啊。”说着，他的声音突然低了下去。周季重临终居然认同起这个瘦弱的男孩，他的决绝，他的骨气、勇气都值得称赞，少年的义气，已不仅仅全是冲动。

杜审言走出牢房时是雨天，断了线似的雨点打在他的脸上，却依然阻不断他眼中流淌的泪泉。儿子用自己的生命使他自由了，但他的心被关入了暗牢。长安二年，杜审言终于带着杜并的遗骸返回了神都，在坟前朗声读出三年来他用哀思凝结的文字，周围吊唁的亲朋无不落泪，父亲老泪纵横，但紧挨着杜审言站立的杜闲没有哭，他知道弟弟代他做了一切。

十年后，当杜闲的长子呱呱坠地之时，他望着怀里的孩子却有股莫名的熟悉感觉，那双明亮的眼睛和弟弟当年一模一样。他给孩子取名为“甫”，意思是美好而襟怀宽广的男子。

想到这里，杜闲不自觉地把腰杆又挺了挺，仿佛因这个孩子的到来而卸下了肩头那份无形的重担。

灵堂的长明灯闪了闪，杜闲回过神来，叹口气，眼看自己又将远调任职，杜甫，他只能送去自己在洛阳的姐姐家。毕竟是家族的血脉，而且姐姐家还有个较杜甫年长的侄儿，也能做个伴。

事实上，杜甫的母亲崔氏究竟是在杜甫几岁时去世的，今日我们无从考证，只知道，那大抵是杜甫还没有记忆的时候。他是个孤单的孩子，因为我们将会看到，在他一生中，即使身边有很多父族、母族的血亲帮助他，他并不缺少认可自己的人和朋友，但他的许多诗句始终有种挥之不去的愁绪和伤感。

当然，很多年后，杜甫是不记得幼时曾经和

他一起玩闹的表哥的，只是他永远不会忘记姑母。生母崔氏的形象是模糊的，但母亲的形象是清晰的——京兆杜氏。

京兆杜氏

开元五年（717 年），杜闲远赴郾城任职，把不满 5 岁的杜甫托付给了自己的妹妹京兆杜氏。从此，杜甫过上了人生中最无忧无虑的一段生活，大他几岁的小表哥从不会像父亲杜闲一样板着脸说教，而是带着他尽情地玩耍，而每次玩耍回来，早已候在门后眺望多时的姑母从不呵斥他们，总是笑眯眯地俯身先替杜甫拭去脸上的污痕，再唤丫鬟端来大碗的乌梅饮让两个孩子喝。乌梅饮清凉爽口，杜甫喝完，开心地喊：“投我以木桃，报之以琼瑶，姑母我要赠木桃于你。”

但一场突如其来的瘟疫打破了这份平静。家中的丫鬟接连病倒了两个，其中一个还是负责厨房饮食起居的，连吃了半个月的药还是不见好，眼见着反而一天天重了。府中的男女老少的心也随着沉了下去，虽然谁都没把心中担忧的话说出口，但眉宇间的凝重说明一定有很严重的事。

但杜甫还太小了，他看着脸上遮着白巾的人觉得很有趣，嚷着自己也要。但这次小表哥罕见地没有和杜甫一起玩，因为他病了，在第二个丫鬟病倒后的第九天，在背《论语》时突然一头栽了下来。

杜甫几次跑到小表哥的床前，拉着他的手喊他一起出去玩，但小表哥只能微微睁开眼睛看着他，勉强挤出的笑容让杜甫小小的心揪了一下。

比杜甫更恐惧的是他的姑母杜氏。就在儿子病倒不久，侄子也病倒了，两人的症状一模一样，只是杜甫的病情显得更加迅猛，发病的当晚就体如筛糠，连吃了三服药也不见丝毫起色。

“希望聂大夫的这服药能见效。”杜氏一边想着一边握紧了手中的药包，但一颗心随着身下轿子的颠簸而上下起伏，因为她耳边回荡着刚刚那个女巫医的话——“此药虽易得，但药引难求，须于午时将病人置于汝家后院东南角，以木火之气为药引方可全功。但此法每次仅能活一人，多必反噬”。

“一人？”杜氏出神地望着窗外，从听到那句话到现在，她的心中激荡着，一边是母亲的本能，一边是祖辈的家训，束缚着她的头脑。杜氏疲惫地闭上了因熬夜而布满血丝的双眼。

但闭上眼，眼前儿子那活泼乖巧的形象渐渐淡了，耳边响起她听了无数遍的《列女传》故

事，越来越响。她本以为这等需要杀伐决断的事不会发生在自己身上，这等剜心彻骨的情绪也与自己无关……

回到府里，杜氏唤来丫鬟，嘱咐她们把侄子抬到后院东南角去，尽快服药，自己却穿过乱糟糟的人群，步履蹒跚地来到儿子的房间，像往常一样拿出绢帕，将儿子脸上的汗水和自己脸上滴落的泪水一同拭去。

五天后，当杜甫洗干净小脸，换上整洁的衣物，终于可以下床走路时，却发现小表哥的房间空了："小哥哥去哪里了？"他转回头疑惑地问紧随而来的杜氏，却发现姑母苍白的嘴唇在微微地颤抖。她什么都没说，只是走到他身边，俯下身来把他搂在自己怀里。

很多年以后，杜甫在酒醉后谈到这件事时依然会泪流满面，他已记不清当时的场景，他只是一再地听说——人们说起来时总是啧啧感叹，杜甫也总是有些尴尬地坐在一边，内疚地低着头。他那时还是个喜欢说话的年轻人，有满腔踌躇之志，然而每当提起这件事的时候，他却常常沉默着，这份亏欠像一块沉重的大石压在他的胸口。但他只能让自己更努力读书，他是襄阳杜家的后人，他必须时刻记着自己身上流淌着先祖杜预的血，他的生命是用家人的牺牲换来的，他肩负着祖辈的理想。

杜甫记忆中的第一个起点是洛阳，在他看来，大唐的东都洛阳是一片锦绣，武后时期的洛阳甚至超过长安的热闹。胡人在丝路上来来往往，很多定居在长安或是来到洛阳，有的南去扬州、广州，最精彩的是胡人酒家里的剑器舞。

六岁那年，杜甫第一次看到公孙大娘的剑器舞。那日，他抓着姑母的手，在集市上东张西望，看着琳琅满目的瓷器、绣品、书画，从身边经过的胡人的高头大马，人头攒动的酒家和拐角卤味店扑鼻的卤肉香味，杜甫有点兴奋也有点紧张——而这时，忽见一女子从地面腾空而起，他仿佛看到风中狂舞的柳，时而回眸，眼神凌厉而又带几分娇俏，身姿轻盈，舞步飞旋，双臂时而柔弱无骨，时而臂弯一紧，手中彩帛如千龙出于海面，身姿闪过，风声犹在。那女子竟能在速度与力度间，再现战场厮杀，隐约可闻万马嘶鸣。胡琴弦音时紧时缓，高潮迭起，直叫观者心潮澎湃，目不转睛尤应接不暇。

杜甫小小年纪，同样睁大眼睛，抿唇而立，他从未见过这样的舞蹈，如此自在地在天地间挥洒，如同流星般炫目，除了天赋异禀与异族舞蹈对力道与洒脱的强调，舞者也一定在柔韧与刚劲中费了心血。长大以后的杜甫忘了那日市集的热闹，只是每每读到浑然大气又洒脱不羁的诗，或是看到张旭的草书，总隐约想起公孙大娘的剑器舞。

“诗是吾家事”

唐代本就重视文人之间的相互推崇与认同，以诗词干谒尤其重要，杜甫刚会走路，拿着毛笔的样子毫无儿戏，他深知——作诗向来是自家重要的事。

海棠花总是明明暗暗，粉色桃花艳艳地开成一片，几个姐妹和丫鬟在院子里追着蝴蝶打闹，七岁的杜甫早背熟了“凤凰于飞，翙翙其羽，亦集爰止。蔼蔼王多吉士，维君子使，媚于天子”，而他用五律写了一首关于凤凰的诗。一来他年纪虽小，但总也忘不了剑器舞翩若惊鸿又浑然大气；二来凤凰本就象征天下太平，吉祥和谐，盛世之时，自当“有凤来仪”；三来，早期的凤凰常常象征君王，到了唐代，有志之士也都可作为歌颂的对象类比为凤凰。可以说，七岁的杜甫已经知道自己需要成为什么样的人，毕竟，同初唐诗人骆宾王七岁时候所写“鹅鹅鹅，曲项向天歌”相比，《咏凤凰》到底还是寄托了更多的理想，而童年的杜甫诗文功底扎实，喜爱书法，尤喜临虞世南。虽然虞世南容貌怯懦，弱不胜衣，但性情刚烈，当政得失，直言敢谏，又与欧阳询、褚遂良、薛稷合称“初唐四大家”，继承二王（王羲之、王献之）传统，外柔内刚，笔致圆融冲和而有遒丽之气，不择纸笔，腕力独到，粗纸、秃笔，信手拈来也能挥洒自如。杜甫九岁前的临帖就有几麻袋，而他是真性情，他认为做人和写字写诗本就是一回事，而自己投入足够多的精力，想来在同龄人中，自己还是有些优势的，所以，很长一段时间，杜甫和他的祖父一样，也颇爱夸夸自己，比如：“读书破万卷，下笔如有神。”当然，与其说是受到祖父的影响，不如说这历来也是中国自春秋战国以来，奔走于各国之间的“士”阶层必要的自我介绍——总是要藏着深层的意思在里面，比如“自己的被重用关系着一个国家的存亡”之类，文字是干谒的敲门砖，对才华的自我肯定自然免不了成为大家的习惯。

当然，对自己要求严格的杜甫，并不是书呆子，几年过去，杜甫早已不是幼年体弱多病的孩子，姑母家人待他如己出，他也着实肯下苦功，随着日渐长大，熟读经典，诗文已做不少，杜甫对未来愈发乐观。

盛夏的一日，蝉声阵阵，后院的花朵和蝴蝶张扬成一片，几棵果树上，梨子美味多汁，青枣香脆可口，都挤挤挨挨在枝头热闹着。杜甫身板虽瘦，却很结实，爬一棵十几尺的树，眨眼就带着塞满衣襟的果子下来，分给小伙伴，自己已经没有了，就转头又爬上了树，半倚着树杈，吃掉一个梨，又矫健地向上爬了爬，摘下树梢那个最大的……很久以后，年逾五十的杜甫回忆自己的少年时期说："忆年十五心尚孩，健如黄犊走复来。庭前八月梨枣熟，一日上树能千回……"

又一日，杜甫照例在院中读书，突然听见一匹马的嘶鸣，声音高亢而有气势，在安静的院子如闪电划过。杜甫猛地抬起头，他很熟悉家中的马匹，两匹黑灰色的中原马，脾气温暾，倒也沉稳，还有两匹棕红色的，一匹性格稍烈但嘶鸣声短促而尖厉，一匹右脚有伤，都不似能有这般声音。杜甫走向马厩，只见一匹黑色的胡马身高纤瘦，体型修长，耳朵尖尖地直立着，弯曲的颈部显得高贵出众。杜甫轻轻抚了抚它的脖颈，他第一次见到这么骨骼清奇、肌肉矫健的马，黑马感到有人在摸它，亮亮的眼睛对着杜甫眨了眨，像个淘气的孩子。杜甫所熟悉的马，大多吃多了粮草，长得中规中矩或是圆滚滚很肥美的样子，也只有眼前这匹马，大概才能在战场上建功立业或是托付生死吧，正如三国时期刘备的“的卢”马，在眼前是大河，身后是追兵的时候，自河中飞跃三丈而过。

杜甫忍不住，在心里打着腹稿，然后又找来柳枝，蘸着饮马池的清水，在地上写诗——“所向无空阔，真堪托死生。骁腾有如此，万里可横行。”字迹还未干，只听身后有人鼓掌，一个声音道：“久闻杜公子诗名，果然名不虚传。”

杜甫抬头，是一个身着军官之服的人，大抵有西域血统，脸上胡须浓密。

那人又道：“刚刚和裴参军谈及你，他说自己的侄子诗文了得，眼前这样的句子，想来也就只有杜公子写得出了，本人姓房，任兵曹之职，机缘巧合幸得此马，得杜公子一赞，真是造化。”

杜甫腼腆地笑了笑，道：“这般好马也确实罕见，不知是何品种？”

“大宛国的马，正壮年。”中年汉子看着面容稚气，却俨然有了风骨的年轻人说。

杜甫点点头，又用柳枝沾了沾水，写下：“胡马大宛名，锋棱瘦骨成。竹批双耳峻，风入四蹄轻。”

当然，杜甫并没有试图得到一匹这样的马，对杜甫来说，尽可能快地用诗记录下来，并反反复复多念几遍，看看有无突兀或不工整的地方，看看有些字能否有更好的字去替代，其实更重要。

很快，洛阳城的文人墨客都知道，当年擅长五律的杜审言的孙儿杜甫，现在住在裴参军家，这孩子七岁便能写出颇有气势的诗文，这么多年，陆续写有百余首，不乏惊人妙句，很是了得。

当时退居在此的祠部郎中崔尚，大有爱贤举才之意，杜甫成了他家的常客，也在文人墨客的郊游聚会中认识了更多的同道中人。既然同道，则不以资历论深浅，杜甫不过少年，喝酒豪放，疾恶如仇，每每与长辈交谈，他的耿直与热忱感染着大家，而所听所闻也让他增长了许多见识。当然，最振奋人心的还是来自前辈们的认同，除了崔尚，还有中宗朝进士魏启心，作为文坛名流，他们认为杜甫的诗文大有班固、扬雄之笔法，对一个少年来说，这是多大的鼓舞。

第二章
漫游与娶妻

吴楚漫游

历朝历代，漫游对于文人而言，都是一种相当致命的诱惑。览胜者，如谢灵运；考察者，如郦道元；被迫放逐者，如屈原漫游汉北，在沅江岸边留下足迹，在荆楚的山川行云之间，在时清时浊的水浪之上且行且歌。司马迁二十岁的时候也曾有过漫游的经历，他从长安一路南行，在今天的绍兴一带探访大禹遗迹，看过许由的墓，拜谒春申君的宫殿，在长沙水拍云暖的岸边凭吊屈原。

到了唐代，漫游则成为有志之士必需的经历，和杜甫同一个时代的李白、王维、孟浩然等人都曾漫游过。他们或是追寻理想，或是为生活所迫，又或是漫无目的随波逐流，都以各自的方式在盛唐幅员辽阔的疆域上划过一道道轨迹。山水草木，朝露夕阳，常常能够触动文人们内心的柔软。他们不辞辛劳、不怕困顿，江南、塞北、沙漠、海洋，他们将遇到的每一处风景装进心里。

杜甫等待着自己二十岁的到来，结发戴帽，行毕弱冠之礼，杜甫乘船南去。此前虽有一次远行，也是因为洛水泛滥，被迫行至山西躲避水灾，而这一次，开元十九年，此时杜甫的父亲杜闲尚在人世，杜甫有着稳定的经济来源，生活安逸，衣食无忧，那些日后的坎坷和艰辛，那些注定的奔波和居无定所此时都还完全了无踪影。没有生活压力，也没有精神负担，对杜甫来说，真正的漫游开始了，而这一次旅行注定是愉快的。

出发前，父亲杜闲曾叮嘱他去拜访两个人，一位是叔父杜登，另一位是姑丈贺㧑，二人当时都在江南为官，这自然也是杜甫选择漫游江南的重要原因。杜甫理解父亲的良苦用心，但是年轻的心渴望飞翔，渴望见到外面的世界，二十岁的杜甫更在意的是那即将到来的如诗如画的江南风物、水乡风光。

自古江南以美丽旖旎、景色宜人著称。小桥流水，山树村烟，这里多的是路过心上的风景。盛唐的日光照耀，此时日后颠沛流离的日子还远未到来。少年苦读时他就曾梦到过的江花似火、江水如蓝，那些他曾在纸页之间见过的场景即将真实地呈现，他所仰慕的那些人曾经生活过的地方将要与他见面。他带着几许初次离家远行的紧张，带着几分对未来的憧憬向东方走，他知道远方有个扶桑国，日出之地。尽管今天我们无法定论，这里的扶桑是不是指日本，但扶桑是东方，有广阔的大海，他想一路走向东方，看看世界尽头的海。他行至姑苏、金陵一带，我见青山，青山见我，千古兴亡，英雄侠义在历史中流传，唯有一条条河，一座座山，一个个城能印证。

金陵是旅途的第一站，金陵自古繁华，古都独特的韵致在土黄色日光流转倾泻的午后熠熠生辉。这里曾是谢灵运挥毫泼墨的旧地，鲍照也曾在此写下俊逸的诗篇。芳华流转，旖旎动人，散发着记忆味道的古城对杜甫有着很强的吸引力。曾经簪缨之家、允文允武的王谢二族——当年东晋大臣王导领导南迁氏族，稳定了东晋在南方的统治；政治家谢安年四十余始出仕，孝武帝时官至宰相，前秦军南下，运筹于帷幄之间获得淝水之战的胜利，留下了“谢安折屐”的佳话，尤其是谢安的后人——谢道蕴、谢混、谢灵运、谢惠连、谢庄雄踞东晋六朝文坛，占尽风流。虽然今成绿野，只有花草，尽管王谢风流总被雨打风吹去，但山水灵气不会有半分消减，杜甫看惯了东都的繁盛与花团锦簇的牡丹，此刻只想用心去丈量温婉江南背后的波澜壮阔。

杜甫像一只羽翼渐丰的鹰。“素练风霜起，苍鹰画作殊。攫身思狡兔，侧目似愁胡。绦镟光堪摘，轩楹势可呼。何当击凡鸟，毛血洒平芜。”一只画在白练上的鹰，是从画中飞入这盛世了。而杜甫深深知道此番漫游并非享乐，也并非仅仅是结识朋友，在彼此揄扬间增添声名，他要考证历史，熟悉社会，要努力看清这个他立志要付出所有努力而成就彼此的大唐。

此时，湮没在岁月里的故事，随着杜甫的足迹再一次生动起来，在懵懂与兴奋之中，行走历史的开阔，风土人情的不同，很多未曾远行就不会理解的情绪在缓缓酝酿。杜甫一生作诗善用典，而那些典故从书本中被自己在这大地上印证，年轻的杜甫意气风发，眼中充满神采。

何况，杜甫在这里结识了许多影响自己一生的朋友。

江宁的瓦棺寺是方圆百里内著名的庙宇，俗云，瓦棺寺之名，起自西晋，时长沙城隅，陆地生青莲两朵，民以闻官，掘得一瓦棺，见一僧，形貌俨然，其花从舌根生。父老云：“昔有一僧，不说姓名，平生诵《法华经》百余部，临死遗言，以瓦棺葬之。”遂以瓦棺为寺名。

杜甫登上瓦棺寺的高阁，几乎与云海齐平的地方正好能一览金陵城，北边的钟山巍峨雄浑，而南边的淮河水又温柔多情，此时庙宇间的诵经声如同神谕。风吹过，飞檐四角的风铃声清脆悦耳。瓦棺寺中修行的旻上人，有好多日，杜甫是在和他下棋中度过。

而目光掠过门匾上书写的模糊不清的“阊阖”二字，杜甫看到一个年轻人正认真地临摹三百年前顾恺之画的维摩诘像，眼神清澈而专注。杜甫多喜欢顾恺之啊，工诗赋，善书法，被时人称为“才绝、画绝、痴绝”的他，作画时连绵流畅的线条悠缓自然，如“春蚕吐丝”。《女史箴图》《洛神赋图》尤其“以形写神”。

而他在瓦棺寺画的维摩诘像，是维摩诘的病容及病中与人对谈时的特殊神色，然而内在的气韵却尤为吸引人。据说兴宁中年，瓦棺寺刚建成住进僧人，设置法会，请朝中贤士捐款赞助，当时的官员文士捐款没有超过十万钱的，唯有顾恺之捐资百万钱。他家一向清贫，人们都认为他在说大话，后来按法会上宣读的捐款祝祷文上写的数额付款时，顾恺之对僧人说："请贵寺选一面空白墙壁，我去到那里后，关好门户，不许他人进入。"

顾恺之在寺里整整待了一月有余，在这面墙壁上绘了一幅巨大的维摩诘画像，将要画眼睛时，顾恺之对僧人说："这幅画画好后，第一天来观看的人，请让他向寺里施钱十万；第二天来观看的施钱五万；第三天来看的随便施多少都可以了。"到打开门时，壁上的维摩诘巨像，光耀整个寺院。前来观看布施的人群堵塞寺门，挤满了寺院，不到一会儿工夫，就集资上百万钱。

此时瓦棺寺的维摩诘已显得斑驳，但喜爱书画的杜甫一脸眷恋地望着画。一日，杜甫见到一个年轻人正认真地临摹维摩诘像，却听见旻上人温和的声音："许八的临摹越来越有味道了，当真形神兼备呢。"

年轻人抬头看了看旻上人，腼腆地笑了笑，又看到站在一旁和自己年龄相仿的杜甫，杜甫望着他的画时，眼中写满了惊叹和赞许。他不由自主地笑了。杜甫收回了眼神，礼貌地做了一揖，道："在下杜子美，冒昧欣赏您的画作，不知……能否冒昧买下它。"许八看着略显拘谨的杜甫说："杜子美？我读到过你的诗呢，这张维摩诘图，送给你。”杜甫有些惊诧，随即也笑了，许多日，杜甫和许八、旻上人一起泛舟横塘湖，关于顾恺之，关于下棋……三个人有说不完的有趣话题。直到许八要回去探望母亲，杜甫难过起来，此番一别，不知何年再见，杜甫初出游历，还未曾习惯这样的相别于江湖。“看画曾饥渴，追踪恨淼茫。虎头金粟影，神妙独难忘。”他想象着许八一路的归程，将画轴握住贴在了胸口。

岁月侵蚀得斑驳坍圮的姑苏台，当年夫差用了八年时间建造的人间仙境，九曲路拾级而上，可以看见方圆二百里的湖光山色，美景冠绝江南，高台四周有四季之花，八节之果，横亘五里，而挖天池、开河、造龙舟、围猎物……非越兵一炬，多少歌舞升平还将使夜色迷离。杜甫在夜色中来到越地。也许是一叶轻舟，几曲横笛，也或许是周遭静谧，星斗不语，他想着那些流水间发生过的故事——勾践卧薪尝胆枕戈待旦，打败吴王夫差恢复越国，而文仲的计谋和最终的就死，西施范蠡的儿女情长泛舟江上，唯有在同样的夜色如水中，枕戈而眠才能听见。

长洲苑是吴王阖闾游猎之处，现在依然盛放着荷花。杜甫望着四周，试图感受当年的传奇和荡气回肠。当年还是公子光的吴王阖闾趁吴王僚伐楚不利之机，设宴招待，让勇士专诸将剑藏在鱼腹中，趁上菜之机刺杀了吴王僚，自己夺得吴国王位。阖闾很用心地经营吴国，他重用伍子胥、孙武，施恩行惠，改善农耕，吴国逐渐强盛。此后，阖闾率师伐楚，打败进攻的越国，吴越恩怨不休，阖闾终被越军用戈砍伤，死在路上，葬于苏州海涌山，改名虎丘。

至于为什么叫剑池，同行的友人问他，这当然难不倒杜甫——阖闾生前酷爱宝剑，儿子夫差以“扁诸”“鱼肠”等名剑三千柄殉葬，而《越绝书》说：“阖闾墓在虎丘山下，池广六十步，水深一丈五尺”，“剑池”自然是最后的形容。

来太伯庙上香的人络绎不绝，太伯是吴人的始祖，孔子认为：“泰伯可谓至德矣，三以天下让，民无德而称焉。”太伯是周部落首领古公亶父的长子。古公亶父有太伯、仲雍和季历三个儿子，季历和儿子姬昌都很贤明，古公亶父因此有立季历为继承人的想法，以便传位给姬昌。长子太伯为了让父亲没有后顾之忧，便和二弟仲雍奔到荆蛮之地，文身断发，以誓不愿争夺王位。而正因如此，当地的人们认为太伯有德义，愿意追随他拥立他为君主。太伯定都梅里，兴修水利，治理旱涝，使百姓世受其利。

杜甫一直将太伯视为榜样，看到庄严的太伯雕像和虔诚的人们，感动万分——人们为了天下征战沙场，又有谁愿意让出本应到手的王位，更何况本来就是济世之才。然而，正因为是济世之才，所以无论在哪，都能造福一方百姓。年轻的杜甫对着太伯的雕像再三礼拜，然后深深吸了一口气，历史的浩然和苍茫让他忍不住掉下眼泪，他也要做太伯这样的人，所谓权力不过是过眼云烟，或者能成为传奇供后世凭吊，但有力量的永远是名利、权利之外老百姓的一饭一蔬和他们当年的笑容及后人今日的缅怀。

也正如此，钱塘江的伍子胥才会在涨潮时被人们一次次呼唤吧——途经浙水，杜甫坐在河岸，看潮起潮落的恢宏气势。当年伍子胥被吴王赐死，百姓一直愤愤不平，传说他变成了神仙，每每钱塘江涨水就会回来。

而同样是浙水，杜甫又想起了项羽。秦始皇晚年为了求神仙，曾从陕西咸阳出发，到东南方的江浙一带寻仙问药，当年一定是这样——当官吏随从浩浩荡荡渡过浙水时，江东的项羽看到。项羽默默注视一会，表情有些复杂，微微扬了扬一边的嘴角，沉声道："彼可取而代也。"项梁吃惊地伸手捂住了项羽的嘴……

杜甫来到晋代才子戴逵隐居的剡溪，正如世外桃源，当年王献之雪夜乘船拜访戴逵，何等风雅浪漫。不远处的禹穴，当年夏禹藏书的地方呢，太史公曾在此驻足……

于杜甫的一生而言，在吴越停留的时日并不久，但这段经历几年后杜甫回忆起来也依然欣喜。他在诗中写道：

性豪业嗜酒，嫉恶怀刚肠。
脱略小时辈，结交皆老苍。
饮酣视八极，俗物都茫茫。
东下姑苏台，已具浮海航。
到今有遗恨，不得穷扶桑。
王谢风流远，阖庐丘墓荒。
剑池石壁仄，长洲荷芰香。
嵯峨阊门北，清庙映回塘。
每趋吴太伯，抚事泪浪浪。
枕戈忆勾践，渡浙想秦皇。
蒸鱼闻匕首，除道哂要章。
越女天下白，鉴湖五月凉。

是的，面对历史和传说，他居然还产生了东渡扶桑的念头，好在江南的韵致太吸引人，这个想法只是在脑海中打了个转便被更美的风景冲淡，否则，他若真的学鉴真东渡，我们的诗史很可能就要改写了。

何况，大道独行，杜甫知道自己有使命——“天下为公，选贤与能，讲信修睦。故人不独亲其亲，不独子其子，使老有所终，壮有所用，幼有所长，矜、寡、孤、独、废疾者皆有所养，男有分，女有归。货恶其弃于地也，不必藏于己；力恶其不出于身也，不必为己。是故谋闭而不兴，盗窃乱贼而不作，故外户而不闭，是谓大同。”

他，杜甫，是要“致君尧舜上”的人。

人在年轻的时候会认为人生有无数种可能，即便温柔敦厚如杜甫，此时也满心装着吴越山水的自由、轻狂和浪漫。如果说，一开始出门远行的他还带着几分天真与怯弱，小心翼翼地接触外间的世界，那么经历了人间游乐，也看到些许世态炎凉的他，完全有属于年轻人的蓬勃与朝气。他认为自己写得一手好诗，有些不可一世。他觉得那些古人啊，屈原、贾谊、曹植、鲍照、谢朓，也就和自己差不多。马蹄走过了江南，从那些历史的烟尘中打了个滚的杜甫甚至有了几分青年的可爱的轻狂气。而此时的盛唐也是自信的，沐浴在这样和风细雨中的杜甫也同样自信洒脱，带着几分理想主义的气质，这是一个大时代和一个大时代中人的缩影。

然而，错综复杂的偶然将人带向不同的远方，也会将杜甫带向那段似乎是注定的命运，这是后话了。江南所代表的快乐、从容、惬意在他人生中第一次揭开面纱，但同时也是最后一次——终其一生都未能重逢。但从另一个角度说，杜甫是幸运的，他写诗、赴宴、乘船、骑马，在最好的年纪将江南的风物打包进行囊，即便是在日后最艰难的境遇中，旧日的漫游记忆也依旧在黑暗中透出几许微光，给他饱经忧患的心带来几许平和与安宁。同样幸运的是江南，如同陈年佳酿装入质朴无华的酒坛，化入诗行，晴天雨夜开启之时，宛然夺目。而晚年的杜甫，很爱回忆那段日子："……若耶溪，云门寺。吾独胡为在泥滓？青鞋布袜从此始。"而与李白那场为人所津津乐道的相逢，历史那场惊天动地的大裂变，以及那不幸的人生的端倪，都在前路排好了队伍。只是，开元二十三年那天午后，那个策马北归，将江南落在身后烟尘中的杜甫并不知道罢了。

开元二十一（733）年夏天，杜甫已在江南漫游两年。世界广阔，重要的还是要等待仕途开启。

这年长安下了几场大雨，秋天谷物歉收。唐代两个都城，一个在长安，一个是洛阳，这洛阳比之长安虽说规模气派上略逊一筹，但也辉煌大气，一应俱全，还有应季的牡丹娇艳，花团锦簇。唐玄宗在开元二十二年年初的时候来到了东都洛阳，这一住就是两年。

于是，开元二十三年的进士考试也在洛阳举行，杜甫稍稍放下他的江南，匆忙回家。

落榜进士

山水不语，马蹄轻狂，已经在如诗如画的江南沾染了不少出尘的气息，又温书数遍，熟读经史的杜甫，并没有太过因着考试而紧张——想来自己自小诗名远播，进士科比起另一科目明经来，又主要以诗赋文采为主，自己想来也不会落得下风。更何况此番在江南的所见所闻、所获所得、所思所想，已经是比一场考试要重要太多的东西，若要论知识和见识，也未能有几个人比得过自己。

何况，四年的时间足以令一个人由过客变作归人，年轻的杜甫此时认同了江南，他天真地以为与江南的约定不会到此为止，毕竟未来还很长呢，只是眼下，科举相比较游历，是经世致用的必要之路，必须积极对待。这一路，杜甫乘船自浙水回河南，路上还不忘练练文笔。

唐代科举中明经、进士两科最重要——要求应举者熟读经史，通经世治国之略。其中，进士在熟读经传和注释、考记诵之功之外，更重视诗赋文学造诣，因此及第很难，“三十老明经，五十少进士”，千里挑一的机缘让许多人白了头也未实现愿望。

杜甫这几年毕竟大多数时间游历在路上，不若其他考生基本在书斋数年如一日埋头苦读应考，杜甫和当时的大部分人一样落榜了。

这年，杜甫二十四岁了，他本来以为一次科举考试的失利在彼时的自己看来不会太在乎，毕竟自己此番考试相当突然，而自己又还年轻……年轻？是真的年轻吗？

杜甫向来是在赞许中长大，而对自己的文笔也从未有过一分一毫的怀疑。“气劘屈贾垒，目短曹刘墙”——他不止一次说自己的笔墨之功应当接近屈原和贾谊，而曹操或是建安七子的刘祯也不见得强过自己，按理说，一切应当和他的傲然和胸有成竹一样，顺理成章。这次落第，对未曾失败过的他来说，越想越不是滋味，何况此时父亲杜闲虽已再娶妻卢氏，但对自己的期待从未减少……

落第对杜甫来说是自信心的巨大打击，当然，也是对自尊心的打击。

后世有学者就杜甫的这次科举考试进行考证，并未发现暗箱操作或是水分，也有人说杜甫的文章稍显艰涩，不如他的诗作。

真正的原因我们今天已不得而知，只知道，对一个踌躇满志的年轻人来说，他认为读万卷书、行万里路的自己应当是不同寻常的，事实却第一次告诉他世界并非所想的那么乐观，这也让本来壮志满怀的杜甫对自己怀疑起来。

为了排解自己的情绪，也不想面对亲人的疑惑，他没有回家，很快又向东边出发继续漫游。只是，关于科举，杜甫有了顾虑，此后几次考试，总觉得自己还没准备到火候，不若趁年轻多积累些阅历和诗名。

于是，杜甫此后数年都未参加科考。他开始了“放荡齐赵间，裘马颇清狂”的时光。

如果说吴越之行的杜甫是初出茅庐的小子，和婉约如水、温润柔和的江南相比，齐赵大地自古多慷慨悲歌，杜甫在这里见到的是完全不同的风情。在江南的日子，他是略带谨慎的，每日所想的是前人的身影，如今我也来过了，真好！而经历了科举的挫败，也许很多人变得愤世嫉俗或一蹶不振，杜甫没有，他沮丧了一段时日，却看到了生而为人所要经历的挫败有时是必然的，他感慨着万事万物的不圆满并为之心痛难过，但他并不脆弱。此时，驰骋山河渐渐给了杜甫些许的大气从容，他的心比在江南的时候要辽阔很多，他策马扬鞭，风一般向北驰骋，迎着夕阳和晚风在邯郸的山丘上勒马回望；带着夜色和星光在青州的城墙边驻足。飞驰的骏马，矫健的苍鹰，他弯弓如满月，似乎永不疲倦，永不满足。

晚年的杜甫在摇曳的油灯前想要书写这段齐赵时光，回忆则是被放马游猎、纵情吟咏所填满。何况与几年前孤身一人游历江南比，这个时候父亲杜闲在兖州当任司马，也给了他更多的策马平原、放歌绝顶的底气。

于是，我们看到，泰山绝顶之上，清晨的日光微微透出云层，光柱从云层间垂下。年轻的杜甫在石台上负手而立，镇定从容的背后，一颗不羁的心灵微微透出一点痕迹。绝壁间的云气缭绕在他的身旁，山泉汩汩发出清脆悦耳的声音。旋即日破云涛，万里通红，四周密云在一瞬间被光芒刺破。山鸟飞翔，晨风飒爽，山间草木热烈生长，巨大的生机包容着世界万物，一种炽烈的情感一瞬间抓住了他，齐赵之游最辉煌的时刻到来了。

“会当凌绝顶，一览众山小。”他想了想，又补全了整首诗——

岱宗夫如何？齐鲁青未了。
造化钟神秀，阴阳割昏晓。
荡胸生层云，决眦入归鸟。
会当凌绝顶，一览众山小。

“岱”是泰山别名，旧谓泰山居五岳之首，为诸山所宗，故称岱宗。“齐鲁”，本是春秋时期的两国，在今山东境内，齐国居泰山之北，鲁国在泰山以南，后以“齐鲁”作为这一地区的代称。杜甫目之所及，一片青色、生机盎然的齐鲁大地是那般壮美，山峦起伏、峰峦叠嶂的泰山是那般雄奇。杜甫已经看过很多遍了，此时他的视线下方，无边的郁郁葱茏、无限的蓬勃生气蔓延到远处的地平线。而大自然似乎对泰山情有独钟，把神奇和秀美集中在它身上。高高的山峰，把泰山南北分割成一边明，一边暗，恰若一边是黄昏，一边是晨晓。

而“钟”是聚集之意，“阴阳”二字形容山北背日为阴，山南向日为阳。其中，“割”字在这里，恰当地描绘了泰山的高峻奇险。而细望泰山，山间云气生发，层层叠叠，令人心胸激荡起伏，杜甫极尽舒展目力，追羡那飞入山间的归鸟飞入浩荡而空阔的天际，满目神往。而放眼四望，脚下群山是那样的渺小，众山俯首，万物低头，此时的他觉得自己比泰山还要高，当真是有几分“海到无边天作岸，山登绝顶我为峰”的狂放了。

《孟子·尽心上》有言：“孔子登东山而小鲁，登泰山而小天下。”杜甫面对着早晨的第一缕阳光在泰山绝顶纵情吟咏《望岳》。历史也认可了他那干云的豪气，泰山自古遐迩闻名，颇具文化内蕴，历朝历代文人墨客相聚于此，而一提起泰山，几乎没有办法绕开杜甫。泰山的摩崖石刻上，随处能找到诗中的句子。这是杜甫在 25 岁时的心情，也是他的诗集里最早的诗。青年的杜甫早已站在众人之上，从这种意义上讲，杜甫“一览众山小”的愿景，在一开始就已经实现了。

值得一提的是，杜甫一生中写过三首《望岳》，后面两首分别于 46 岁于华山和 57 岁于衡山。三首写于不同时期、具有不同风格的《望岳》，某种程度上反映出杜甫人生三个阶段的精神面貌和生活际遇。青年积极进取的豪情，中年颠沛流离的失意，晚年沧桑历尽的内敛。

第二首《望岳》，咏西岳华山——

> 西岳崚嶒竦处尊，诸峰罗立似儿孙。
> 安得仙人九节杖，拄到玉女洗头盆。
> 车箱入谷无归路，箭栝通天有一门。
> 稍待秋风凉冷后，高寻白帝问真源。

华山亦同样雄伟，不过，与年轻时代的那首相比，这无疑是一首失意之作——几经颠沛流离，杜甫为官之路坎坷——因上疏救房琯得罪肃宗，由左拾遗贬为华州司功参军。天下已战乱多时，即便华山崇高，杜甫极欲登山，但“安得仙人九节杖”，一句“安得”的诘问，是欲报国却无门的悲叹。

“车箱入谷无归路，箭栝通天有一门。”——仰望之余，预计攀登之路。不过始终并未实行，只是杜甫在望岳时空留的希望，聊以自我安慰而已。是啊，纵有一腔抱负和理想，却只能空自盘算，无法行之于世。最后，只能以华山之顶比白帝之居——“稍待秋风凉冷后，高寻白帝问真源”。虽然宦途失意，报国无门，但诗篇中并无一字明言之，显现了杜甫日后诗词功力的大成——“委婉曲折，沉郁顿挫”。

我们将会看到，日后的杜甫会有怎样的心路变迁，而此时泰山之上的他，又怎会想到，自己会期望于热闹中寻得凉冷以自疗创痛。

第三首《望岳》咏南岳衡山——

南岳配朱鸟，秩礼自百王。
欻吸领地灵，鸿洞半炎方。
邦家用祀典，在德非馨香。
巡守何寂寥，有虞今则亡。
洎吾隘世网，行迈越潇湘。
渴日绝壁出，漾舟清光旁。
祝融五峰尊，峰峰次低昂。
紫盖独不朝，争长業相望。
恭闻魏夫人，群仙夹翱翔。
有时五峰气，散风如飞霜。
牵迫限修途，未暇杖崇冈。
归来觊命驾，沐浴休玉堂。
三叹问府主，曷以赞我皇。
牲璧忍衰俗，神其思降祥。

这是杜甫暮年之作，此时经过十余年的漂泊，杜甫已经 57 岁，一度因理想幻灭导致的愤懑不平已渐趋平静，剩下的是内敛安命，与人为善和厚重忠诚。经过安史之乱的大唐已经元气大伤，急需重新建立合理的秩序。此时，杜甫最关心的事情，已经由自身的政治抱负变为李唐王朝的制度重建——修祀典，为的是皇朝永固。这也是杜甫心心念念“再使风俗淳”的体现。

“南岳配朱鸟，秩礼自百王。欻吸领地灵，鸿洞半炎方。邦家用祀典，在德非馨香”几句写历代帝王皆设职官崇礼衡山。传说南岳有朱雀，从百代以前的帝王开始，就有为岳分上下之礼。在广阔的南方之地祀岳时，迅速吸取天地灵气。朝廷对衡山施以祭祀之典，但治理国家在于德政而不是烧香点蜡。这“在德非馨香”句，讽喻之意以委婉之词道出，劝勉君主要以德治国。“洎吾隘世网，行迈越潇湘”两句，杜甫叙述自己因世乱所驱投奔南国，当年的先人已早离去。自己身受世俗礼教的阻碍，现在终于越潇湘，来到衡山了。

自“渴日绝壁出”至“散风如飞霜”写衡山景色，乃全篇中心所在——自己终日或游走于山崖峻岭中，或在泛起清光的河上泛舟。其中“渴日绝壁出，漾舟清光旁”，更有灵光缥缈之感。而祝融山极为高耸，山顶似乎直触低处的昴星。但诸峰中唯有紫盖山与华山不相上下，似与华山争高。听说以前魏夫人成仙后与群仙翱翔于华山之空。有时群峰顶上刮起的风像飞霜一样。时间很紧，没有时间拄着杖爬上高崇的山岭。登完山后，希望立即下山，到休玉堂去洗澡。多次和郡守对话，会问他怎会有这样雄伟的衡山？这不得不咏赞我皇了。祭祀用的玉忍耐世间之俗，而用于祭祀，但神会因此而降福人间的。

杜甫以祀岳之意作结，呼应起笔“秩礼”。而“曷以赞我皇”一句，杜甫的爱国之心洋溢于字里行间。这首《望岳》通篇流露着作者忠君爱国的思想，即使漂泊江湖，仍关心朝政，无日或忘。

于是，我们看到，无论杜甫的心态如何改变，有一点始终不变——忠君爱国。青年时想要为国出力，中年时他虽仕途不得意，却仍怀报国之思，晚年时他念兹在兹仍是君主与朝政。

然而，对眼下刚刚登上泰山的杜甫而言，明秀的江南水乡，雄奇的齐赵大地在十年的漫游之中与杜甫融为一体，他于开元二十九年（741 年）回到了洛阳。这是美妙的十年，但从年纪上来说，杜甫已经快 30 岁了。20 岁到 30 岁，这对于每个人来说都至关重要。他的祖父在这个年纪已经成为进士，做了好些年官了。他那惊才绝艳的先祖——晋代大将杜预，在这个年纪已经积累了满腹经纶，随时准备一飞冲天了。即便是几年前一同参加科举考试的贾至、李颀等人也已在事业上超过他太多。十年间他认识一些朋友，一起喝酒、打猎、交游，而杜甫同样看到了国家的一些隐患：穷兵黩武，边将好战喜功，征戍频繁，赋役繁重。

妻子杨婉

唐代的女人很有个性，也很有主见，休夫或是一女几嫁之事并不罕见。杜甫虽欣赏有思想的女子，但又怕更多女子人伦之礼数尽无。何况自己常年游历，未来从仕之路还未明晰。然而晚婚在任何时候都不值得骄傲，唐代已算尤为宽容，不过这门亲事是父辈已定好的，这么多年，为了等女孩长大，姑母已在父亲的嘱托下，回绝多门亲事，彼时已经年近三十的杜甫也没什么可选择的。

未见时的惘然，很快化作欣喜。女孩小他十岁，初见之时，那女孩儿淡黄色圆领的长衫，肩上披月白色帔，还有特别的短袖半臂衫套穿在长衫外，下身红裙，裙腰高，身材颀长，弯弯的眼睛有些好奇地看着他，眉色眼神皆灵秀。

杜甫向来不若其他文人那般风流倜傥，因着

姑母的照料，又加上天性善良拘谨，他对女性更多地充满理解与敬重，平日里有礼有节。这一次，他望着这个要成为自己妻子，眉目如画的女孩儿，那种感觉像在江南的流水旁吹过的风，像在泰山绝顶看到的满目苍郁，那是心被击中的感觉。他似乎感到自己开始了一场新的“漫游”，那将是和此前完全不同的经历。

这是人生又一个第一次——娶弘农县司农少卿杨怡的女儿杨婉为妻。杨婉自幼读书，明事理，性格好，自小听父亲讲杜家的故事，知道自己将来会嫁给杜甫，还特意读过杜甫许多诗——揣着一颗少女的心等待他很久了。

杨婉是杜甫的结发妻子，这是他这一生除了诗之外最有价值的事情，而他却几乎没有为她写过诗。

春日的夜晚，有着和煦的暖风。当夜色降临的时候，洛阳城里亮起了灯火，在鳞次栉比的屋檐下远远近近、星星点点。杜甫纠结着目光朝窗外看了看，有些无奈地将桌前的几个写满字的纸团扫落在地。月上枝头，夜色浓厚，灯火次第熄灭，城市陷入安静之中，他伏案书写。直到夜色阑珊之时，他才推开门，请妻子看看写着诗行的纸页，他总觉得自己没有写到让自己满意，而好不容易一个晚上的时间，这首诗是最满意的，给她，只能给她看，也只愿给她看。

杜甫在首阳山下开辟了窑洞，住了一些时日。只是，家国天下的理想之中家已落定，其他的呢？

每日看着不远处杜预的墓地，想着那个古往今来唯一一个既入文庙又入武庙的祖先，他本就心思沉重，有很多个瞬间，对自己产生了怀疑。

“不敢忘本，不敢违仁！”他望着杜审言和杜预的墓，一再告诫自己，然而一颗焦虑的心却无法平复。除了写诗，自己似乎身无长物，这些年……难道都付与蹉跎了吗？

杜甫有了家的责任，也第一次有了强烈的危机感，他试图通过读书来消解，然而，惶然的情绪不仅没有缓和，反而随着时间的流逝与日俱增，直到几乎日日吞噬他的心，夜半辗转醒来，焦虑让他十分无助。

第三章
“谪仙人”李白

李杜相遇

焦虑的情绪终究得以缓解了，因为另外一个人的到来。

在首阳山读书的第四年，杜甫迎来了一场似乎是宿命般的相逢。当然，在当时的杜甫和李白看来，也不过是一次简单的偶遇。

杜甫成亲的第二年，天下大赦，改元天宝。这一次，朝廷不仅减免租税，同时令“前资官及白身人，有儒学博通、文辞秀逸及军谋武艺者，所在具以名荐。京文武官才堪为刺史者，各令封状自举”。就是说有才学者可以通过自举和举荐入朝做官。然而，杜甫本不擅长拜谒，又因许久未曾唱和并广求推举，他未能把握住这一次机会。

杜甫对自己懊恼，失落难过许久，很快又得知姑母去世的消息。姑母情恩重如山，他虽知死生有命，但写下的那篇祭文满含真情：“……若其先人后己，上下敦睦，悬磬知归，揖让唯久，在嫂叔则有谢氏光小郎之才，于娣姒则有钟氏洽介妇之德，周给不碍于亲疏，泛爱无择，于良贱。至于星霜伏腊，轩骑归宁，慈母每谓于飞来，幼童亦生乎感悦。加以诗书润业，导诱为心，遏悔，吝于未萌，验是非于往事。内则致诸子于无过之地，外则使他人见贤而思齐。爰自十载已还，默契一乘之理，绝荤血于禅味，混出处于度门。喻筏之文字不遗，开卷而音义皆达，母仪用事，家相遵行矣。……”杜甫在姑母坟前垂手而立，他已不再替自己的文笔骄傲，只觉得事到如今，他辜负了姑母的厚爱和在那场幼年的病痛中死去的表兄。

然而，生活总有新的机缘，有些相逢的意义有时并不在于遇见本身，更多的或许是可以因此成为更好的自己。历史为这个相逢写了一个剧本，平淡而又惊心动魄。当杜甫在吴越的山水间吟游之时，李白正醉倒在齐鲁的酒肆当中；当杜甫在齐赵引吭高歌之时，李白正将空掉的酒杯信手扔在江南碧波中；杜甫回到洛阳正为前途纠结的那几年，李白却在长安诗酒风流。他们差点就错过了。

744年刚刚开春，李白被唐玄宗赐金放还，带着醉意和失意离开了令他喜悦、又令他神伤的长安。历史的翻云覆雨，将他引到了洛阳。剧情起伏间，似乎要迎来一些盛大的场面，然而剧情再转，那场彼时相逢的场面，当事的两个人都以为是平凡的见面。杜甫知道李白也无视科举，知道他靠诗赋曾在宫廷红极一时，《乌栖曲》和《蜀道难》确实浑然大气，但一开始，他对李白只是好奇，他觉得如此任性恣意的人，说着“锦城虽云乐，不如早还家”的人，大概不会和自己有什么瓜葛。

这一年的夏天，32岁的杜甫在将祖母范阳太君归葬偃师，并作以墓志之后，是年夏，初遇李白于东都。

那是在刺史李邕家的宴席上，杜甫看到了“谪仙人”。

谪仙一袭白袍，脸色发红，身材结实，但他的眼神透着玩世不恭，进了院厅，一屁股坐在主位，只管自己喝酒。杜甫有些诧异，但还是在心底忍不住赞叹起来：李白是皇上赐金还山的李白，讲究以文会友的场合，李白这样的人，无论何时何地，都是瞩目的焦点。那年夏日的暑气还不浓，豪情万丈，人群喧嚣的酒肆之中，他喝了一碗又一碗酒，提笔便在众人面前写了一首又一首诗。写诗本就是杜甫的骄傲，但是在遇到李白之前，他从来没有想过有人可以这样写诗，实在是……太潇洒了些吧。

李白对李邕也并不很客气，此前，李白已拜谒过既是书法家又是文学家的渝州刺史李邕。不料李邕有些性格，并未热情相待，李白本就桀骜，对他轻视后学的态度十分不满，便毫不客气地作诗一首作为回敬。那便是著名的《上李邕》。

大鹏一日同风起，扶摇直上九万里。
假令风歇时下来，犹能簸却沧溟水。
世人见我恒殊调，闻余大言皆冷笑。
宣父犹能畏后生，丈夫未可轻年少。

对这首诗，杜甫还是很赞叹的，一方面，以为辞藻恢宏，气势磅礴；另一方面，那睥睨天下的气概，令杜甫忍不住暗暗叫绝，何况文坛前辈打击后学的现象屡见不鲜，他也常暗自委屈，不免对李白有些心有戚戚，但他自己写不出这样的句子——他对李邕这样的前辈还是很敬重的。

杜甫是个老实人，他温柔敦厚，纯善恭顺，

他是一个深受儒家思想影响的正统书生。即便也有着自由浪漫、无拘无束，但是他收束着自己纵情驰骋的气度。然而，在那样一个年代，李白惊世骇俗的狂放气息，简直让人着迷，他从天子家串了个门，打杜甫的门前路过，仅是一个照面，杜甫就不可抑制地沉迷于他的魅力当中。杜甫觉得李白的性情中有着自己期待已久的，但又实在缺失的某一面。

当李白端着酒朝自己走来时，杜甫还是欣喜地站起身。“谪仙人”打量着眼前这个清瘦，有着凸出的颧骨的年轻人。他咧嘴笑着，边走边念：“‘岱宗夫如何？齐鲁青未了。造化钟神秀，阴阳割昏晓。荡胸生层云，决眦入归鸟。会当凌绝顶，一览众山小。’——真是好诗，子美贤弟，幸会啊。”

杜甫瞬间就喜欢起眼前的李白，他连忙端起酒一饮而尽：“‘长风破浪会有时，直挂云帆济沧海。’——兄长抬爱了。”

自然，之后与李白重逢的杜甫已没有第一次的拘谨，两人关于文藻词汇用典都有说不完的话题。也不得不说，从杜甫的字里行间可以看出，李白给杜甫失落的生活带来极大的快乐，他本无心向道，此时也愿意陪同李白去求仙访道了。

二人渡过黄河，到了王屋山，去寻访道士华盖君。谁知走到小有清虚洞天，才知道长已西去。千山万壑，一片沉寂，寺院也是满眼荒芜，然而他们并不沮丧。杜甫给李白写的第一首诗充满着道家情趣，而跟随李白去寻仙，大概是杜甫自己都未能预料的吧？

赠李白

秋来相顾尚飘蓬，未就丹砂愧葛洪。
痛饮狂歌空度日，飞扬跋扈为谁雄？

李杜相逢之时，李白还像飘蓬一般云游四海，他在求仙炼丹方面没有大的成就，内心一定会觉得愧对东晋炼丹大师葛洪。壮志难酬的李白只能在饮酒和狂歌中虚度春秋，他不守常规，狂放不羁，这样的当世之雄，除了他还有谁呢？杜甫其实知道李白的无奈，有时纵酒狂歌，看似颓废，其实何尝不是清醒的另一种表达，正因清醒，才愿醉酒。

这段游历简直太疯狂了。尽管杜甫和李白一起游历了许多名山大川，但人各有志，对李白的崇拜，杜甫并不盲目。他喜欢李白那种凌乱着发丝的狂放歌咏以及背后的玩世不恭，喝酒之后如神仙般的得意和气定神闲，那是他所希冀却永远做不到的。但他只要看到这样的李白就很开心，他跟着李白游山访道，在山林间穿梭往返，寻找缥缈无定的仙踪，他看李白眯缝着眼睛望着山顶，见李白脸上笼罩着一层近乎神圣的光，真的像是天上的仙人。他更清醒地意识到，有时候羡慕一种东西，往往是因为得不到。他与李白终究是两种人。

或许是为了证明两人的不同，杜甫做了一件小事。在齐州的时候，他并未随李白去紫极宫领受道箓，而是选择了拜访北海太守李邕。李邕的书法极佳，少年即成名，后召为左拾遗，曾任户部员外郎、括州刺史、北海太守等职，人称“李北海”。杜甫尤其喜欢他的字，认为“声华当健笔，洒落富清制”。正巧李邕自北海郡来齐州，杜甫便同他一起游览历下亭及鹤山湖亭。对杜甫而言，李邕提携自己的可能性还是有的。

短暂的分别，李白和杜甫约定梁园见。而再次见面，杜甫心态平和了许多，虽然离别多日，对李白的挂念超乎了自己的预想，而高适的加入又有了新的诗情画意。

在开元末年杜甫便与高适在汶水之溪结识，杜甫字里行间对他很是敬重。高适少时学书学剑，自小便有着建功立业的愿望，但这么多年一直潦倒失意，长期客居在梁宋，以耕田和钓鱼为生，另外，就是成就了不错的诗名。

宴饮梁园

梁园是西汉文帝的二儿子梁孝王刘武建的离宫，原有平台、兔园等。经过战乱，此时已荒芜了，但遗迹尚在，如今三人书剑飘零，志同道合，同游梁宋胜迹，饮酒作诗。

在历史沧桑面前，对李白来说，个人的身世似乎也没那么重要了。然而杜甫还未曾真正参与过这个国家的命运，还等待着一展才华。他埋怨着时代令人们空怀壮志，无从施展，正像那失群的孤雁，杜甫心头一阵悲凉的情绪："先帝正好武，寰海未凋枯。猛将收西域，长戟破林胡。百万攻一城，献捷不云输……"

一些时日以来与李白访山问道，辟谷炼丹，受李白影响，杜甫对道家学说产生了兴趣，然而，更多的是出于"二年客东都，所历厌机巧"，是对世俗社会的不满和激愤。折腾了多时，道术不成，丹砂未就，杜甫有些着急了，自己和李白的心态是不同的，他并不寄情感于山林，试着劝说李白投身现实世界，但杜甫未能理解李白对

“致君尧舜”之事的偏见和他内心的矛盾。

只是，当时过境迁，人们往往只能记住美好。杜甫在多年后回忆起这次梁宋之游时写出一篇情真意切的诗：

遣　怀

昔我游宋中，惟梁孝王都。
名今陈留亚，剧则贝魏俱。
邑中九万家，高栋照通衢。
舟车半天下，主客多欢娱。
白刃仇不义，黄金倾有无。
杀人红尘里，报答在斯须。
忆与高李辈，论交入酒垆。
两公壮藻思，得我色敷腴。
气酣登吹台，怀古视平芜。

眼见秋意渐起，大雁远来，天空不见云彩，丹药炼得也没有成效，李白心绪难平，杜甫面对亦师亦友的李白，也多了些沉默。只是在看望弟弟杜颖之后，归家几日，又来到东鲁李白居处。于是再次结伴寻仙访道，漫步荒野，杜甫似乎重新找回了昔年漫游的心情。白日里二人放歌山林，夜幕中二人抵足而眠，他们一起喝酒，一起唱歌。烛火的光辉映在李白潇洒不羁的脸上，李白说他曾经手刃数人、仗剑红尘，杜甫倾听着，偶尔点头回应。二人的身影被橘色的火光映在窗纸上，随着火光摇曳，时短时长。杜甫也说了那日登临泰山绝顶的心情，但李白已经醉了。杜甫愣了愣神，望着微酣的“谪仙人”，只是摇头轻笑。

一日，李白突然想起朋友范十。范十是一个修养极高的隐士，隐居在城北的田园修身养性。

“走，烦他去。”

李白拉着杜甫出发了。

然而，李白并不熟悉路呢，走到城壕边就迷了路，李白望着杜甫，笑眯眯地说：“苍耳的嫩苗倒是很可口的野菜呢，我们这是自己带了菜过去看老范呀！”

终于，赶在太阳落山前找对了地方。

一进门，未及问好，范十红润的脸，闪亮的眸子，定睛在李白和他的客人身上，注意到二人沾满苍耳的袍子、头发……本想作揖问好，却忍不住笑出声来，索性抓住杜甫的手臂连声问道：“你是谁？这么狼狈？用什么下酒？”

“秋天的蔬菜和水果，来一盘霜梨开开胃！”李白揪着衣服上的苍耳大声道。

范十摘了最下酒的蔬菜炒了，其中就有苍耳

苗，还端出大盘经霜刚收藏的梨。李白是吃腻了山珍海味的人，别的什么酒宴都懒得伸筷子，这一席却很对他的胃口。

而杜甫望着北郭城墙上果实累累的酸枣树，篱笆上爬着藤蔓挂着秋瓜。转过头与二人又干了几杯。

一边的李白应该是有些醉意了，敲着碗碟吟咏着陆机的《猛虎行》：

渴不饮盗泉水，热不息恶木阴。
恶木岂无枝？志士多苦心。
整驾肃时命，杖策将远寻。
饥食猛虎窟，寒栖野雀林。
日归功未建，时往岁载阴。
崇云临岸骇，鸣条随风吟。
静言幽谷底，长啸高山岑。
急弦无懦响，亮节难为音。
人生诚未易，曷云开此衿？
眷我耿介怀，俯仰愧古今。

杜甫有些不安，他有些替李白难过，也替自己的未来担忧，他在李白话音落下之后，背诵的是屈原的《橘颂》：

后皇嘉树，橘徕服兮。
受命不迁，生南国兮。
深固难徙，更壹志兮。
绿叶素荣，纷其可喜兮。

他的声音低沉，渐渐几乎哽咽：

曾枝剡棘，圆果抟兮。
青黄杂糅，文章烂兮。
精色内白，类任道兮。
纷缊宜修，姱而不丑兮。
嗟尔幼志，有以异兮。
独立不迁，岂不可喜兮。
深固难徙，廓其无求兮。
苏世独立，横而不流兮。

范十安静地看着他，不时和他一起背诵：

闭心自慎，终不失过兮。
秉德无私，参天地兮。
原岁并谢，与长友兮。
淑离不淫，梗其有理兮。
年岁虽少，可师长兮。
行比伯夷，置以为像兮。

话音未了，李白鼓起掌来，醉意朦胧："《橘颂》好，橘子……好吃。"

杜甫宽容地苦笑了，屈原"对世事清醒，独立不羁，不媚时俗，有如横渡江河而不随波逐流，秉持美德，没有私心，善良美丽而不淫，性格刚强而又有文理……"在杜甫看来，这并不难，只是需要甘于寂静的勇气罢了。

所以说，李白的慷慨从容、洒脱不羁固然给杜甫留下了深刻的印象，而他的诗文创作也着实让杜甫学到不少东西。但李白是诗仙，他有自己在山东任城（今济宁）的太白楼，也受箓成了道士，而杜甫，他的前路如此现实又如此虚无缥缈——这或许才是最真实的见面。但杜甫与李白，正如兄弟间彼此陪伴走过相同的路，那感情也并非能被岁月随意否定。

隐居的范十并不富裕，但似乎总有一种自洽的舒适感，李白和杜甫竟然都有些羡慕他。

李白写下了自己最为奇美有趣的五言律诗《寻鲁城北范居士失道落苍耳中见范置酒摘苍耳作》：

雁度秋色远，日静无云时。
客心不自得，浩漫将何之。
忽忆范野人，闲园养幽姿。

茫然起逸兴，但恐行来迟。
城壕失往路，马首迷荒陂。
不惜翠云裘，遂为苍耳欺。
入门且一笑，把臂君为谁。
酒客爱秋蔬，山盘荐霜梨。
他筵不下箸，此席忘朝饥。
酸枣垂北郭，寒瓜蔓东篱。
还倾四五酌，自咏猛虎词。
近作十日欢，远为千载期。
风流自簸荡，谑浪偏相宜。
酣来上马去，却笑高阳池。

杜甫则在这年冬天写下了《冬日有怀李白》：

寂寞书斋里，终朝独尔思。
更寻嘉树传，不忘角弓诗。
短褐风霜入，还丹日月迟。
未因乘兴去，空有鹿门期。

关于这次相逢，杜甫只写了寥寥三首诗，而李白就更少了，扔下一句“飞蓬各自远，且尽手中杯”之后，他便飘然而去，很快又认识了新的朋友。然而，我们或许无法揣摩一个谪仙的心绪，离别之时他也留下给杜甫的诗：

鲁郡东石门送杜二甫

醉别复几日，登临遍池台。
何时石门路，重有金樽开？
秋波落泗水，海色明徂徕。
飞蓬各自远，且尽手中杯！

这其中或许也包含着对杜甫未来的期待，但石门路上的金樽终究未能再开，李白追求“神游八极之表”，杜甫并未等到那一天的到来。

分别之后，杜甫细读李白的诗，觉得当时自己的赌气实在有些可笑。写出“蓬莱文章建安骨，中间小谢又清发”的李白，是大半个盛唐轰然碾过的气象。“身将客星隐，心与浮云闲。长揖万乘君，还归富春山。清风洒六合，邈然不可攀。使我长叹息，冥栖岩石间。”李白的内心比自己还孤独呢。

直到杜甫写出《自京赴奉先县咏怀五百字》的诗篇，寂寞的心情之下，才更加明白自己所错过的东西。杜甫在客栈里读着李白的诗，越发觉得奇妙——未认识李白之前，只觉得李白的诗气质独特，他赞美李白：“李侯有佳句，往往似阴铿。”南北朝阴铿的诗歌以写景见长，“潮落犹如盖，云昏不作峰”“夜江雾里阔，新月迥中明”

“山云遥似带，庭叶近成舟”，修辞声律、锻字炼句颇见用心。然而时日一多，两人把酒谈诗，精细地谈论着句子——谢灵运“池塘生春草，园柳变鸣禽。祁祁伤豳歌，萋萋感楚吟”，鲍照“鹿鸣在深草。蝉鸣隐高枝。心自有所存。旁人那得知”，王勃“闲云潭影日悠悠，物换星移几度秋。阁中帝子今何在？槛外长江空自流”。李白总有用不完的新点子，回头再看，阴铿又怎么比得上他，那些神来之笔，信手拈来就是佳句，清新气质如同庾信的诗句，而俊朗飘逸又不亚于擅长古乐府歌行体的鲍照。杜甫多想李白啊，李白是桀骜的，但似乎总是乐观的，任谁和李白在一起，都能生出一种“天生我材必有用，千金散尽还复来”的潇洒劲。但潇洒过后，他知道自己和李白是不一样的。尽管李白比他名气大，杜甫也从没对自己灰心丧气，此刻，他后悔了，他用一生为自己的轻率做了修补，他一再强调李白的诗“无敌”，强调他的“惊风雨”，他的“泣鬼神”，可是这种迟来的惺惺相惜，李白却是再也看不到了。

首阳山下

带着江南氤氲的水汽和齐赵平原豪迈的风，猝不及防间，像是谢幕一般将他的人生又朝前翻开了一页。在结束齐赵漫游之后，天宝四载(745 年)，杜甫在石门与李白握别，回到东都。

第二年，杜甫带杨婉回到洛阳附近的偃师县祭祖，偃师县西北的首阳山下，杜家的祖坟在这里。山下有几间家屋和窑洞，叫陆浑庄，是五年前杜甫遵父命而建的。这里有杜甫自幼时相别的弟弟们，特别是与自己最亲近的弟弟杜颖也住在这里。日后的杜甫，写过很多思念弟弟的诗，其实也是在战乱中对故园的牵挂。

土屋并不华丽，但总有人慕杜家名气而来，杜甫在家中读书写诗——漫游和结交朋友对自己来说已没有那么大的吸引力，毕竟相较于在宴席上相互唱和，说些言不由衷的溢美之词，期待着辗转将才情传入圣上的耳朵，此时的杜甫宁愿守着陆浑庄吃些可口的蔬菜。但对并无隐世之心的杜甫来说，等待的日子也让人心焦，唯有多读多写——他虽在科考上有过失利的经历，但眼下除了期待科考，还有什么法子呢。另外，杜甫很长一段时间也对道教产生了兴趣——许多解不开的困惑和无奈的处境，自己深受影响的儒家并不能帮自己解脱，而道教的处世观念，却令人精神上有着些许跳脱尘世的可能。

首阳山还是值得书写一笔的，因为杜甫在这

里遇见了不错的朋友。

有些朋友，因为珍视彼此的才华，因为诗词交往，虽然未必每一首都如高山流水彼此相知，却一定有着琴瑟相和时带来的巨大共鸣，而且，真正能讲心里话——琐碎的抱怨，内心的不平，心里的委屈，或是没完没了地回忆过去也不会惹厌烦的，大概唯独彼此理解彼此珍惜的朋友才会这般。

一日，杜甫自林中散步归家，杨婉说："河南尹韦大人来找夫君，他说打听了好久，才知道咱们的住址，然而夫君你正巧不在。"

河南尹？听说他替百姓做了不少好事。

河南尹韦大人打听自己，杜甫觉得有趣——自己如今背着几青囊的书籍在隐居，不过是疏放之人，日暮途穷，一无所有，每天琢磨的不是找陶渊明喝浊酒，就是访问葛洪学炼金丹，几乎满头的白发穿着短衣飘荡在江湖，能记得的怕除了自己姓甚名谁便也没有什么了。

而韦济现在是鼎食之家，有两房妻妾，文辞场上又大有国风之态，尊荣人所共仰。想了想，他提笔写下一首诗：

奉寄河南韦尹丈人

有客传河尹，逢人问孔融。

青囊仍隐逸，章甫尚西东。
鼎食分门户，词场继国风。
尊荣瞻地绝，疏放忆途穷。
浊酒寻陶令，丹砂访葛洪。
江湖漂短褐，霜雪满飞蓬。
牢落乾坤大，周流道术空。
谬惭知蓟子，真怯笑扬雄。
盘错神明惧，讴歌德义丰。
尸乡余土室，难说祝鸡翁。

就像孔子周游列国，无人欣赏其才能，我杜甫虽然精通蓟子训的异术，却自感惭愧，不过我有扬雄的文采，倒也不怕人笑，只是相当佩服韦大人你处理那些官场上盘根错节的事务时的本领，这可是神仙也惧怕的本事，而且老百姓都说你好，这最难得啦。所以在河南偃师县西边的尸乡亭，那有土室茅屋，有个半老头，虽不是当年有鸡千余只且只只有名字的祝鸡翁，但你就当我是吧，来与隐居这里的祝鸡翁聊天也好。

此时的首阳山，在杜甫眼里是古老而寂寞的山，山上的逃亡，山下的奔波，杜甫那些句子交织着无法按捺的才情和无法按捺的用世之心。

第四章
困守长安

初到长安

天宝五载，34 岁的杜甫告别妻子来到长安——参加科举。

然而，飞扬跋扈的长安有一切光明与平等，又有一切阴暗与专权。

长安城的宫城、皇城、外廓城，南北向大街十一条，东西向大街十四条纵横交错，东西两市，宏伟的宫殿园林……无论是文人雅士达官贵人之后，或是走街串巷卖唱说书的平民百姓，都共享着天下最宽阔的街道，也传说着宫闱内不可说的秘事。长安是那么令人着迷，它仿佛能包容所有的雄心壮志，能让参与科举的世子在与贵族王孙交流中先替自己埋下伏笔，能让无名之辈在众口交赞中扬名立万，也能顷刻毁灭一个人半生的英雄用武之梦。

杜甫此行并未忐忑，李白的放金归山和此前的见闻听闻，让他知道此路多险阻，然而杜甫对自己的才华颇为自信，何况，父亲还能支援自己的生计。

只是此前终日聚会饮酒，且歌且吟，未曾想过一下子安静下来，也都是对朋友的思念。比如，一家胡肆很有特色，跳胡旋舞的姑娘舞步飞旋，李白一定喜欢，而那家酒楼，若是高适在，一定喜欢那里的烤野兔……长安是个太让人兴奋的地方。

自己潇洒一人，并无一定住所。人虽不刻意结交，但对朋友也慷慨不计小节，到长安十日多了，也交了好些朋友，虽然十有八九是些落魄文人，但对那些深宅大院的冠裳架子仍是暗自鄙夷，绝少登门。

春日清晨的阳光接近清凉，但背景已然是暖色的，绿意在墙角抽芽的青草上慢慢蔓延开来，过渡到城墙边的树枝上，然后绿色渐渐浓郁起来，生机盎然的样子。很快，花朵在枝头热闹起来，深浅不一动静不同的红色黄色，挤挤挨挨连成一片。他羡慕李白上天揽月的豪情万丈，可他自己牵挂的太多，从家族荣誉到黎民百姓，从家中妻儿到路边乞丐……他知道李白也孤独，夜夜醉酒在胡肆，但他偏偏就是能无所谓权贵，活个开心就好。于是，想着那份洒脱，他蘸着浓墨，写下一首诗：

春日忆李白

白也诗无敌，飘然思不群。
清新庾开府，俊逸鲍参军。
渭北春天树，江东日暮云。
何时一樽酒，重与细论文？

是啊，李白的诗作无人能敌，他那高超的才思远远地超出一般人。李白的诗作既有庾信诗作的清新之气，也有鲍照作品的那种俊逸之风。如今，自己在渭北独自对着春日的树木，而他却在江东远望那日暮薄云，天各一方，只能遥相思念。什么时候才能同桌饮酒，再次仔细探讨彼此的诗作呢？

其实，杜甫是失落的，任这绿意盎然布满了整个长安，但天色渐晚，所有生机都笼上一层日暮之色——谁知道下一次什么时候见面，惊喜和失落总不能有所预见。

正如，碰到孔巢父其实也是在意料之外。孔巢父，冀州人，孔子的三十七世孙。在入长安为官之前，曾与李白、韩准、裴政、张叔明、陶沔隐居于山东泰安府徂徕山脚下，纵酒酣歌，谈诗论赋，号称“竹溪六逸”。孔巢父聪慧善于辞令，后被举荐赴长安做官，然而中国的文人总是矛盾的。一方面，想要纵情山水，在天人合一中寻求生命的自由与解放；另一方面，又渴望以辅佐明君的方式证明自身的价值。此时的孔巢父并不知道日后自己会为扶救社稷再度复出并老骥伏枥。在唐德宗建中年间官至给事中，成为足智多谋被称为“知君名宦”的猛将，后亡故于平定叛乱的使命中。

眼下，孔巢父下定决心要离开长安，辞官归隐江东（今浙江会稽）。人们以为他是因为长久地寄情山水，多多少少有着隐士的狂放与性情，厌烦官场的生活。其实他自己知道，玄宗皇帝不理政事已多时，朝中奸佞当道，各派势力多有纷争。这样下去祸乱必起，而且他并不愿参与其中玷污清白。

清朗的夜晚，蔡侯庭院的阶前，一场践行酒是不可少的。杜甫也喝了许多酒，但他并没有察觉到一丝醉意。蔡侯也没有，始终笑意满满，但眉宇间的从容大多也是为了安慰孔巢父——他不可确定，朋友离去，是否也暗示着某种命运的不济。

历来在官场做事，少不了智慧和圆滑。固然有人难以适应，宁愿将高官厚禄换了山水从容，但总归还是个人的志趣，没这多无奈。此时，阴影如瘟疫在长安城蔓延开来，在他们所知道的盛唐。杜甫很低落。李白一心求道，此番孔巢父也辞官去江东，也是顺遂自己追随自由恣意的洒脱，所以，那些留在诗卷里的前尘往事也都不重要了——“巢父掉头不肯住，东将入海随烟雾。诗卷长留天地间，钓竿欲拂珊瑚树”。

只是，这样的路是否是精神的归途？仙女所指的大概也是虚无的所在吧——“深山大泽龙蛇远，春寒野阴风景暮。蓬莱织女回云车，指点虚无是征路”。

朝中之人感慨孔巢父仙风道骨，言谈间有人赞赏有人哂笑，当然，苦苦劝说孔巢父留下的也有，而好友蔡侯听了他的决定，并没有多说什么。他最清楚不过，对一个心怀理想的人，这样的日子多一日都是折磨——既然理解，何必多言，来日方长，只希望再相逢罢了。只是，宴会多有歌妓，这样的场合却不适合莺歌燕舞，就多些琴声——“自是君身有仙骨，世人那得知其故。惜君只欲苦死留，富贵何如草头露。蔡侯静者意有余，清夜置酒临前除”。

李白和孔巢父，他们都是在宫中未实现愿望才宁愿归隐山林，而自己还在干谒的路上苦苦追求，不知道得志或不得志。不知孔巢父何年何岁才得成仙，只是此番孔巢父在江东大禹所葬之处再见李白，也请帮我问候他——“罢琴惆怅月照席，几岁寄我空中书。南寻禹穴见李白，道甫问讯今何如”。

杜甫写下《送孔巢父谢病归游江东兼呈李白》一诗，依然未像李白和孔巢父那样看破官场之路。或者他即使看到了此路万难也不能承认，因为除了光耀先祖，他没有第二条路可以选择，他本不是个洒脱的人。

杜甫在长安出入于王侯文士们的聚会，大唐的文化是包容的，但仅限于把酒话诗，郊游博陆之乐。杜甫总想起当年李白内心不平，曾在这里放浪形骸，并说“偶尔放纵，不会影响必要时候来救济苍生”。杜甫想着，笑了笑，仕途之门有着看不见的阻力，人们可以谈笑，但若是关切到真正的利益，总会以各种不软不硬的方式回绝或是置之不理。杜甫内心是有些屈辱的，他的生活更是拮据，他替皇室贵胄写过碑文，赚些微薄的润笔费。在皇亲国戚的宴会中畅饮，他写着《奉陪郑驸马韦曲二首》，也和坚决不当皇帝将储位让给了李隆基的李宪的儿子汝阳王李琎关系不错。杜甫欣赏汝阳王的诗，写过一首很长的诗来夸赞他——“学业醇儒富，辞华哲匠能”。

据说李琎长得很像太宗皇帝，又是“让皇帝”宁王宪的儿子，身份上尤其引唐玄宗猜忌。据说在一次宴饮上，玄宗举着酒杯，慢条斯理地夸李琎样貌生得好，像太宗，是帝王之相。宁王听得心惊肉跳，转过头呵斥自己的儿子：“你个小畜生怎么长得像太宗，还不认错。”又转头对玄宗赔着笑说：“小儿和太宗有些许相像之处，实在是冒犯，但小儿不才，没有太宗的雄才大略……”

玄宗略略一笑，挥挥手道：“大哥多虑了，阿蛮（唐玄宗的小名）也算半个相师，帝王之相，说来也不仅仅是五官，更多在风骨气度，花奴（李琎小名）虽然长得端庄，但眉宇间没有英气，是做不了皇帝的，我不会猜忌他的。”

李琎战战兢兢地在一边低着头，从此更加谨慎。玄宗说他没有骨气，他更加低眉顺眼，言语间唯唯诺诺。他即使在自己的府宅，也是小心翼翼，不是整日邀请些文人画师谈天说地，就是喝得醉醺醺不省人事。他还说着“恨不得被封做酒泉郡王，去产酒的地方天天喝酒”——他注定一辈子都得是一个醉鬼。所以多才的汝阳王被排除在宗室之外，始终郁郁不得志。

但杜甫并不计较这些，在汝阳王的府邸，他认识了华原县尉孙宰，写出“长风连日作大浪，不能废人运酒舫”的元结。元结小时候不怎么爱读书，到了 17 岁才突然想要拯救天下，他说话直来直去，和杜甫很投缘。

还有诗书画绝佳的才子郑虔，郑虔是个性情中人，他比杜甫大许多，算是忘年交。

说来也巧，数月前杜甫见一个神态颇气派的老头在市集卖画，凑过去只见那几幅画笔染烟云，若非胸藏丘壑的人决计画不出来。只是，每幅画上都没有落款。

抬头，只见卖画人须发花白，穿着随意，腰上悬着的却是块好玉，精瘦的身板，黑面孔也没什么表情，然而画的小鸟却毛色鲜亮憨态可掬。

杜甫望着那小鸟，忍不住笑起来，问道：“都说画者作画，凡景物动物都着一己之色，怎么先生画的山雀却一点不类自己？”

郑虔懒得抬眼皮：“画里是我夫人。”

杜甫失笑：“既画夫人，又缘何在这市集售卖？”

“她昨日吵我了。再说……”他终于抬头看了杜甫一眼：“我也就是这么一摆，你若买，我还不卖呢。”

杜甫忍不住笑起来，又看看其他几幅画作，拿着一幅《长安市集图》，爱不释手。只是摸了摸袖囊，又放下了，刚要转身离去，却见郑虔也跟着收起了摊子。

杜甫吃惊：“怎么不卖了？”

郑虔道：“我也就这么几幅画，都卖完了我还得画，画了又舍不得卖，所以卖不卖看我高兴不高兴，现在我不高兴卖了，我想喝酒，要不要一起？”

杜甫很喜欢郑虔，有时买不起酒，两人就拾些野果一起吃，这个和他一样有上顿没下顿的好朋友，他总是牵心难忘。

另外还有驸马郑潜曜——他是郑虔的亲戚，以及其他好几个咸阳士人。若是像当年东吴漫游那般心情爽朗，且歌且吟，杜甫的句子也许会大不一样。然而诗圣之路，也许如取经般，必经道途险阻的历程。

野无遗贤

杜甫漫游十余载，虽说诗名有长，可仕途未有半点顺遂，但他志气与胸怀未减。他要在长安达到自己人生应有的高度，一切荆棘都无法阻挡他恢复先祖荣光的梦想。他要向世人展示自己的家国理念——并不仅仅关于诗。只是他忘了一个道理，舞台面对着所有人，却只属于少数人。

李林甫就是这少数人中的一个。天宝五载，政权渐渐落入李林甫的手中。皇帝陛下的信任让他牢牢地占据着朝廷的中心位置，把蹩脚而拙劣的戏唱了十余年。

十余年间，每一个想要登台表演的人都必须得到李林甫的许可，任何有可能威胁到他表演的人都被他无情诛杀。

这种神明似的权威感令他分外陶醉。

他怕贤臣入朝分散自己的权力，就劝玄宗任用安禄山等胡人为将。张九龄被他排挤，贺知章告老还乡请为道士，连右相李适之也惧不自安，被逼为散职，又被迫自杀……

这日，皇帝又要召见，李林甫一边小步急趋，一边默想着可能问及的政事内容。但皇帝根本没有容他开口，而是一句话就结束了这场对话："已经很久没有开科取士了，朕唯恐寒了天下读书人的心，打算昭告天下，凡通一艺者皆可到长安应试，吾当择优仕之。卿为宰相，这件事就由你具体操办。"

望着龙床上侧卧着的和贵妃下棋的漫不经心

的中年人和他圆滚滚的肚子，李林甫心里翻江倒海，想要骂娘，却面露微笑作答：“陛下英明，臣当鞠躬尽瘁，为社稷遴选可用之才。”

等他躬身退出大殿，又迈着方步踱出大明宫。李林甫和平日里计谋得逞时笑容可掬的样子不太一样，“选贤任能”四个字在他听来，无异于一场灾难。

“肯定又是那个老阉狗高力士出的馊主意。”他嘴里小声嘟囔着，捻着胡须思考该如何走出这场困局。

突然，李林甫的眼睛亮了，仿佛想透了什么，一甩袖子快步向等候已久的轿子走去。在他身后，宫门像一只巨兽的血盆大口，等待着戏弄和吞噬任何想要进入其中的人。

华灯初上，杜甫步履蹒跚地走出一家波斯商人开的酒坊。本来他打算找个人多的地方碰碰运气。长安虽大，但各式的聚会参与多了，熟人也总还是有，公众场合，了解他的人不免要推他出来念念诗作。

但枯坐了一天，来的那些人只对媚眼如丝、蜂腰翘臀的胡姬感兴趣，却连一眼都懒得看他。

穿过人群，杜甫忽然发现一大群人围在一旁，指指点点地说着什么。杜甫觉得一阵莫名的紧张，好奇地走过去一探究竟，发现那些人看的是一张告示。

天色已经很晚了，人群略略散去。杜甫挤上前，用力把眼睛睁大才勉强看清告示的内容，瞬间他就感觉血往头上涌——“通一艺者皆可应试”。这句话像一个火种丢在心里，杜甫瞬间感觉身体中的血液像火焰一样在全身蔓延。

一直到他走回客栈，激动的心情还没有平复下来。他要把握这次机会，他必须把握这次机会——“通一艺者”皆可到长安应试，看来是想要招纳天下有才之士，何况近来自己的诗文比以前又有精进，断无落第的可能。

终于，科举的时日到了。步入考场前，杜甫面朝东北方拜了三拜，然后信心满满地走了进去。

就在杜甫奋笔疾书之时，距离考场三里外的宰相府里，李林甫正悠闲地坐在书房里。他微笑地对着一个穿着朱色小团花绫罗的白胖子交代着：“这次圣上开科取士，你身为副主考，一定要用心做事，为国家选拔贤能啊。”

白胖子一听连忙下拜：“大人折杀小人了。圣上最为倚重大人，我等官小职微，能有今日全蒙大人提携，这次面试之事，必以大人马首是瞻。”

听到这句话，李林甫满意地点了点头，挥了挥手，胖子一路倒行着退了出去，才心有余悸地擦了擦额角沁出的冷汗。

屋内，李林甫舒服地倚在胡床之上，遥遥望着远处科举考试的考场方向微笑，他端起朱红色的茶碗，“没有人可以威胁到我的地位”，他用力嚼着嘴里的茶叶，眉眼间笑意却更浓了。

走出面试的考场，杜甫的心情比他的脚步还要沉重，感觉今天的面试就像一场梦，一场难以醒来的噩梦——当时自己使尽浑身解数，所作诗文意境高远、文辞优美，两个副主考频频点头，都对他投以赞许的微笑。

坐在中间的主考官李林甫大人咳嗽了一声，副主考们脸上的笑容立刻消失得无影无踪，开始对他的诗文严厉指摘，讲了好一会，李大人才挂着他那招牌似的微笑开口说道：“汝诗文功底尚可，但略欠火候，三年之后再来吧。”

满怀信心的杜甫错愕地愣在原地，不敢相信自己的耳朵，许久才在传事官的催促下转头蹒跚离开。望着杜甫萧索的背影，李林甫笑得眼睛挤成一条细缝，心中暗道：“此子文采出众、锐气凌人，他日必为栋梁，我怎能养虎为患？”

三日后，华清宫内，李林甫隔着蒸腾的水汽，低眉笑眼地跪倒在皇帝陛下面前，高呼：“恭喜陛下、贺喜陛下，天佑我大唐。”

刚刚泡完热汤的中年人被李林甫的呼声吓了一跳，错愕道：“李卿，喜从何来？”

李林甫笑答道：“臣等遵陛下旨意，在全国选拔人才，但经微臣亲自面试，实无一贤，而且此次应举之人，个个卑贱无礼，朝堂之上俚言村语，恐辱圣听——诚然，也说明天下精英，已尽在朝堂，这是陛下之福，大唐之幸啊。”

听到这里，中年人本来睁大的眼睛慢慢地眯了起来，显然对李林甫高明的马屁功夫很受用，点头说道：“李卿辛苦了，国事纷杂，还得有劳诸位爱卿。”

玄宗忽略掉心里一丝若有若无的不安，暗自思忖：本来想着随便选几个人充充门面就好了，没想到大唐如今野无遗贤，看来真的可以考虑去泰山封禅了。

刚想到这里，小太监的一声“贵妃到”打断了李隆基的神游，他的思绪瞬间从江山社稷转入温柔乡。

李林甫见状，识趣地悄悄退了出来，却不知道在他身后，皇帝身边的那个白发宦官望着他的背影，硬生生把一声叹息吞了下去。

杜甫深深愤恨李林甫对天下的愚弄，但他不敢写诗记录自己的愤懑，而是委屈到李林甫死去，才在字里行间述说当年的无奈。在这一场玩笑般的科举中，元结和杜甫一样，被朝廷戏弄。他们都知道，这样下去，一定会有更可怕的事情发生。

果然，很快杜甫就听说李林甫以“厚相赂遗”的罪名诬陷李邕，心狠手毒的李林甫将七十高龄的李邕“就郡决杀”。

这已是天宝六年。想当年武后时期，“往者易之用权，人畏其口，而邕折其角”——李邕[illegible]，屡出诤谏之言——在武则天时拜左拾遗的李邕，在朝堂之上当着皇上的面，指责则天皇帝的心腹张昌宗兄弟以权谋私。

武则天虽想发火，但心知李邕所言属实，沉吟了半晌，“罢了罢了”，竟像是劝架一样允了李邕的批评。

而如今李林甫为排除异己，绝杀李邕等有识之士，比向来残忍的武后还毒辣。

李邕的死让杜甫悲痛欲绝，“坡陀青州血，芜没汶阳瘗”，一代才子就这样为奸臣所害。

此时的大唐已摇摇欲坠，历史中小小的恩怨

早已微不足道——李白虽不那么喜欢李邕，但对有骨气的人同样敬重，感叹之极，他悲叹道：“君不见李北海，英风豪气今何在？君不见裴尚书，土坟三尺蒿棘居。”

长安寒意浓，杜甫是真的无路可寻了。落第之后，他先后谒见了许多达官贵人，也交到了一些赏识自己的好友，但他人在赞叹和怜悯之余，从未有要推荐他做官的表示，使杜甫难以接受现实，时时处在焦虑和沮丧中。他人到中年还居无定所，要依附于人才能勉强苟安。这对于杜甫来说，既是一种无奈也是一种耻辱。但进退两难的局面反而激发了杜家人血脉中的执拗，促使他更加努力地参与各种集会。

他结交文士做朋友，也为众人所欣赏，但在交朋友这件事上，他始终是个随性的人——并不那么目标清晰只结交权贵。事实上，他的朋友有时也处在政治的边缘，更何况一旦成为朋友，人家若有难处，他就无法开口提出要求。

杜甫向来身体多恙，长安城里有各式华车宝驹，但杜甫没有马，租不起，他只有一头毛驴。毛驴很矮，却也让他看见更多底层的痛苦。另一方面，比起求人办事的违心和屈辱与缺银少粮的困窘，他更失望于自己在科举之路上的屡试不中，导致一次次燃起希望又被意料不到的风雨浇灭。

眼下，还是得谋出路，他想到了韦济。

韦济又升职了，位高权重，以前书信来往，结伴郊游，诗词唱和常有，算是与自己私交甚好，又对自己相当认可的朋友。

考量再三，杜甫先给韦济写诗，借表达谢意之际，让韦济多多感受他的用仕之心，希求其助自己一臂之力。

为此，杜甫写给韦济的诗，已没有了当年“祝鸡翁”的打趣，而变成了沉郁顿挫的“老骥思千里，饥鹰待一呼”——杜甫以老骥自比，希望韦济能慧眼识英才，为他进入仕途打个前站，无论引荐还是推举，让他能获得一展抱负的机会。

然而诗是送过去了，可似乎没有起到什么作用，所盼的回信，始终都停留在他的梦里。

杜甫觉得他们是朋友，所以敢说出自己的愤懑，也敢抱怨世道的不公——那些纨绔子弟，比如杨国忠的儿子杨暄，明经考不及格，但考官仍列他为第一；御史中丞张倚之子张奭，什么都不懂也列为首选……这样一看，其实谁是权利核心的人，谁的亲属就可以受益，而真正奉儒守节的人——“再使风俗淳”的愿望因为“蹭蹬无纵鳞”的悲哀，只能落个“此意竟萧条”。

他说和别人若是要真的套近乎，又觉得自己像在乞讨：“朝扣富儿门，暮随肥马尘。残杯与冷炙，到处潜悲辛。”杜甫知道自己强颜欢笑，应和着富家子弟的那种心酸，接近于屈辱，杜甫做不了弄臣，这一点他和李白一样。只是，若让他放开这一切去写月亮、写自由、写豪情万丈，他也做不到。

韦济是理解他的，但韦济并非李林甫的亲信，他也无能为力。

尽管如此，韦济仍很努力地在一些聚会场合大声念杜甫的诗作，在百官会集的宴席上为杜甫传扬诗名。人们对杜甫的用典和词句啧啧称赞，然而杜甫仍然还只是一个小人物，入不了庙堂，没有收入，对改善处境没有半点作用。

在写给韦济的三首诗《奉寄河南韦尹丈人》《赠韦左丞丈济》《奉赠韦左丞丈二十二韵》之后，杜甫求仕的信心如落叶一般一点点凋落，渐渐萎靡了。

很快，韦济那儿也不欢迎他去了，他一而再地来访，韦济又不能帮他，招待他一两顿好饭也不能算长久之计，索性闭门谢客，令家丁对在门前徘徊的杜甫说自己不在。

杜甫在韦济家门外呆立了几分钟，心灰意冷。

他转身拎着酒壶去城南清河街小巷里的郑虔家，那才是他颇爱去的地方，尤其是替人写了些悼词，赚了银两有钱买酒的时候。

然而，杜甫忧思堵心，远非杜康能解——“杜陵野客人更嗤，被褐短窄鬓如丝。日籴太仓五升米，时赴郑老同襟期。得钱即相觅，沽酒不复疑。忘形到尔汝，痛饮真吾师。”眼看着衣衫褴褛，人像是涸泉的鱼，也只有和同道中人郑虔相濡以沫，或推心置腹，共叙怀抱，或开怀畅饮，聊以解愁。想想历史上司马相如可谓一代逸才，也曾亲自卖酒涤器；才气横溢的扬雄就更倒霉了，因刘棻得罪被株连，被逼自杀——杜甫用才士薄命的事例来安慰郑虔，然而“诸公衮衮登台省”，又何尝不是悲愤和无可奈何之情。既然仕途坎坷，怀才不遇，那么儒术又有何用？

杜甫的诗必然绝非普通的诗，豪放和悲愤向来难写，悲易一滚而下，无含蓄，慨则容易流于偏激。然而此时的杜甫豪放不失蕴藉，悲慨无伤雅正，本诗可为一例。

回归历史，我们知道，天宝七载，高力士已

当上了骠骑大将军，掌握了兵权。

也是在这一年，玄宗给了安禄山一份免死铁券，有了铁券垫底，安禄山早已图谋的占有天下的野心得以施展，他开始一步一步悄悄谋划叛乱了。

此时，有人察觉到安禄山的招兵买马，前来朝廷告发。玄宗摇着头一概不听，说的人多了，玄宗觉得烦，就令人把告状的人捆起来送到渔阳让安禄山处置。

安禄山相当毒辣，把送来的人挖去心肝，割掉舌头，弃尸荒野。很快，没有一个人敢去告状了，安禄山乐得逍遥从容。

除了安禄山，替皇上打点一切的是那身兼四十多个官职的杨国忠。他找来七百多个织绣工给贵妃做衣服。皇上用膳时的一盘菜，就能花光十几个普通人家财产的总和。

父亲离世

不久后，杜甫接到家书，知道自己的父亲病重，杜甫几日睡不着觉——自己虽有苦楚，但说到底还是辜负了家人的期望。

杜甫赶回了家，连着几日亲自熬汤药，却终究眼睁睁看着父亲离去。父亲临走前一再说：

"我杜家，世世代代奉儒守官，你要记得……"

杜甫怎么会忘呢，在回长安的路上，他不断怨恨着自己。直到城门临近，站在大街上的杜甫，明白自己已经成为孤儿了……但即便没有父亲在，日后的很多情境，他都依然在任性的认命和做点什么去改变一切的矛盾中，选择后者。

当然，生活并不会只给他苦楚，唯一的暖意，是他的妻子所带来的。这么多年，我们可以想象到她是怎样在守望和期待中模糊了自己少女的容颜。她的心情跟着我们的诗人起起落落，从那些流传开的诗句中暗暗体会着丈夫的心境，有时她很开心，看到他说在旅舍的客人掷骰子玩赌博的游戏，像小孩子一样点着烛光高声笑着；有时她和他一样很矛盾，因为他上句说想离开长安，下句又说不得不待在那里；有时她一笑了之，她知道他的有些句子不过是唱和诗，是应景之作。唯一不变的是，她把家里照顾得井井有条，未曾对他有半句怨言，有，也只是埋怨他未曾照料好自己的身体。

其实杨婉也知道，丈夫是个认真而善良的人，他对最可怜人的痛苦感同身受，而她看到这样的他，也感动和心疼。她帮不了他什么，于是，在他身边时的她，有时小心翼翼地画出一副棋盘，她安慰不了他，就像个天真的小姑娘一样拉着他下棋，并始终一副无所畏惧、欢快的样子，杜甫每每也总有几个瞬间真的忘记了烦恼。

如今的杜甫经历过许多事，见过许多风景，唯独没有解决自己的生计问题。父亲去世，没有了经济来源，长安就是最糟糕的地方。杨氏的容颜在居无定所中日渐憔悴，甚至他的朋友也看不下去了，送来头饰。而关于这一切，杨氏也未曾有过半句怨言。这时候的杜甫需要给妻子一切，唯独不是诗。要给她买最贵的胭脂，最美的布匹，最好的首饰，而写诗做不到这一点。

而杜甫终究还是只能写诗，文章憎命达，因为际遇一直不好，到头来他所剩下的依旧是那满腔似乎无用的才华，那一首首似乎无用的诗篇。在长安的第十年，他做了一个小官，但依旧无法养活全家，万般无奈之下杜甫送妻儿去奉先，这时候痛苦终于化成泪水，化作诗行。

“老妻寄异县，十口隔风雪。谁能久不顾，庶往共饥渴。”这不是严格意义上的情诗，然而字字含情。妻子受苦，小儿冻死，盛唐末尾的一段时光中，杜甫在冬天的雪地里步履蹒跚，而未来却不知该走向哪里。

这写诗！写诗！这该死的写诗啊！

这是后来发生在天宝十四年冬天愤懑的感慨，随后安史之乱来了。迟到的“情诗”在安史之乱后的颠沛流离之中一再出现。

或许是杜甫将之保护得太好了，我们至今无法知道那样一个伴随杜甫一生的女子的确切生平。杜甫和杨氏或许没有轰轰烈烈的传奇爱情，但是爱情本就是从平凡之中点出的一抹真纯。从后往前看，杨氏全部的意义似乎就是作为杜甫的发妻，陪他走过殷实的青年，困顿的壮年，潦倒的晚年，至于她的丈夫在日后会成为诗圣而留名青史，这是杨氏根本不曾想过的事情。在那些二人厮守的年月，在最艰难的时光里，她从没有这些额外的期待。

我们也曾见过各种写给妻子的文字，元稹的《遣悲怀》中反复咏叹着对亡妻的愧疚，款款深情，满纸流溢，唐时的风月似乎也因此黯淡。苏轼的一首“十年生死两茫茫”，情深似海又淡如落花，月上枝头，旧影难觅的哀伤让闻者落泪，听者伤心，那时他是最伤心的人。那年那月，归有光的妻子一袭长裙，年华正好，某个春天的早晨，她在庭院中种下一棵枇杷树，笑着对他说话。翩然若舞的脚步历历如昨，而人影慢慢淡去，眼前只剩一棵郁郁葱葱的枇杷树。他怔然呆

立，悲伤逆流，昔年她的枇杷树，“今已亭亭如盖矣”。更不用提纳兰性德在妻子去世后终日神伤，他曾将她当作全世界，而人不在了，世界也就随之而去了。

相较于这些令人荡气回肠的文字，杜甫的每一个字都写得更加艰难。与这些悼亡的文字相比，杜甫毕竟是眼睁睁地看着妻子忍受着辛酸的苦难。

今天又没吃的了，妻子在外面收拾了些柴火，煮了一碗薄粥。天色黯淡，为了省钱，屋里也没有点灯。

明天怎么办呢？他娶她是最有价值的一件事，但是或许也是一件从一开始就错了的事情吧。

天寒屋冷，妻子和杜甫一同拾柴火，吃糟糠，奔天涯。夜色昏沉，杨氏默默倾听丈夫的苦闷，多少安慰多少无奈，都化成双方共同的悲叹。那样的日子里，如果能选择，他定然不愿妻子出现在他的诗篇中，因为每写一次，痛就更深一分。然而杨氏是幸运的，她的苦，他都看在眼里，而他所能做的真的也只有这些了。杜甫也是幸运的，即便在最潦倒的境遇中，他身边都有一道抹不去的身影。那身影从青丝如云到步履蹒跚，一直相濡以沫。如果她也离开了杜甫，我们很难想象是否还有杜诗的世界。

在杜甫心中的一隅，始终装着他那结发之妻。二人从盛唐一路走来，留下的是渐行渐远的背影，身后是倾圮了的大唐。

第五章
“三大礼赋”与《兵车行》

卖药糊口

除却家的温暖，对杜甫来说，现实和理想有一个共通之处在于——文人的自尊是多余的。那些“乞怜如丐”的句子，本也只是些不得不说的套话，他不愿如此，平日里宁愿看些医书，种些草药货卖。所以，杜甫的诗始终有血有肉，有最细末的孤独与最微不足道的欢乐，有妻子的叹息，孩子的哭闹，车马的喧嚣，也有天晴时的欣慰和阴天时的牢骚，还有每一个苦苦挣扎在这世上的可怜人。

此时的他贫病交加，挨饿抱病，经常一病不起，衣裳则是破旧不堪补丁重补丁，家徒四壁，妻子和自己一起受累。为了糊口，杜甫又该去山里挖草药了。他佝偻着背，在野草丛里一点点找，还好他看过足够多的书，包括《黄帝内经》和许多药典：钩藤、千里光、菝葜、土茯苓……有的需要用锋利的刀割取，有的需要连根拔起——不能一概而论。他取下草药，抖抖上面的土，放进袋子……然后继续埋下头仔细地寻找，生怕遗漏一点点。

只是，尽管有杨婉帮他悉心制成半成药，可以拿到市场去卖，但微薄的收入还是不够填饱一家人的肚子。

这几日又实在过不下去了，还是得去朋友家“做客”。“做客”后一两周的口粮有了着落，好的情况下，还能再带点“特产”回家。杜甫自始至终都觉得屈辱，他的病时好时坏，常常高烧。

此时，唐玄宗好上了看斗鸡，两只鸡斗个天昏地暗，羽毛乱飞，却引得人热血沸腾，兴奋不已。很快，斗鸡在宫里宫外格外盛行，一个人养鸡养得好，奉献给宫廷，便能得到朝廷丰厚的赏赐，衣食无忧。只是可怜了读书人，杜甫觉得自己读了那么多书，还是过着像乞丐一样的生活。

生存的困境已不允许人在乎他的尊严，除了哀怨，杜甫必须继续想办法得到任用。于是，他病情稍有好转后，干谒诗继续写，该走动的地方也必须走动。

还好，除了受气受怠慢，大唐的江湖，也总还有几个可以相互安慰的朋友。

比如《投简咸华两县诸子》是杜甫寄给咸阳、华原两县县府里友人的诉苦之作：

> 赤县官曹拥材杰，软裘快马当冰雪！
> 长安苦寒谁独悲？杜陵野老骨欲折。
> 南山豆苗早荒秽，青门瓜地新冻裂。
> 乡里儿童项领成，朝廷故旧礼数绝。
> 自然弃掷与时异，况乃疏顽临事拙。
> 饥卧动即向一旬，敝衣何啻联百结。
> 君不见空墙日色晚，此老无声泪垂血。

如果说长安那些肚子圆滚滚，享受着荣华富贵的“官曹”诸公是“材杰”，“读书破万卷，下笔如有神”的诗人应当更是材杰。

然而，那些“软裘快马”之辈，也许没有几个真“材杰”，轻裘骏马足以抵挡冰雪，而苦寒之士只能忍饥挨冻，心折骨惊。

也不知算不算羡慕，也许愤懑居多，“杜陵野老”虽薄有田产，但收成不佳。就像当年汉杨恽《报孙会宗书》里说：“田彼南山，荒秽不治，种一顷豆，落而为萁。”陶潜诗云：“种豆南山下，草盛豆苗稀。”

就像秦东陵侯召平“青门种瓜”的典故，困顿之中的人最需他人扶持，怎奈人情比纸还薄。自己处处遭遇白眼，一些小官扬着脖颈，硬生生不屑一顾的样子像匹公马，是小人得志的神气。

而位居显要的“朝廷故旧”，似乎也早已忘怀了这门穷交情，断绝了往来。自己是不是应该自认倒霉？

杜甫怀揣着满腔的不平，回想几十年来的辛酸，他用脚步丈量了大唐的盛衰、人民的疾苦，也让他忠君忠政，忧国忧民的理想像揉皱的画无处可留。但是杜甫仍然保持着他的本色，即使骤风过岗，他也学不会朋友劝他的圆滑处事——“不以升沉为念，那些愤世嫉俗的话，以后不要再对旁人说”。

随着两鬓白发的增加，他比以前更想有一个安稳的地方去安顿家小，但是他“致君尧舜上”的理想与抱负怎么办？多少年了，他背井离乡去寻求仕途，以希望能大展宏图，可惜造化弄人，时至今日，他还只是一个白衣末微之人，得依靠朋友接济才能勉强果腹。

有时候，他很不平静，很多能力低微之人已登高位，可他勤勤恳恳，积累才学，却求官济民而不得。

所以他借酒消愁，愁容不展，看上去比实际年龄要苍老且显得疲惫。他总是生病，一连十几天卧床不起，于是“却忆年年人醉时，只今未醉已先悲。数茎白发那抛得……此身饮罢无归处，独立苍茫自咏诗”。然而，他说着“恨不得从此做个浪人”，他从没从心底甘心就这样气馁，也许正因如此，他才有更多期待，更在乎成败，因此也更容易失望。

沉寂的几年，杜甫除了想透了一些事，也愿意再努力做些事——如今若当真想为官，仅仅凭借意气是不够的，所以尽管不喜欢张垍，也不那么想和自己的从弟杜位套近乎，但从弟的妻子是李林甫的女儿，多多少少也能“出些主意”吧。

因此，算是得到了高人指点，也算是杜甫“识时务”了，他决定直接写赋给皇上。

给皇帝献赋，利弊皆大，献得好，一旦获得皇帝垂青，有可能青云直上，飞黄腾达，莫说官职，还可能成为一朝权贵；如果用得不好，戳不到皇帝的兴奋之处，就有可能给皇帝留下“才华浅薄，不堪任用”的印象，说不定还会完全断送仕途。以后再有人推荐他，都会让皇帝看不到闪光点。想到这里，杜甫情不自禁地握紧了拳头，连手心里都渗出了汗。

献赋与作诗

天宝十年（751 年），玄宗皇帝从正月初八到初十接连举行了三个盛典。杜甫将满四十，将入不惑之年。虽然他经历了社会的风风雨雨，尝尽了人间的世态炎凉，此时斟酌再三，挣扎再三，献给玄宗的《三大礼赋》，什么能说什么不能说，杜甫准备得尤其认真。他反复揣测该用什么样的词，押什么样的韵，皇帝看到自己的才华，也要让皇帝觉得自己不谄媚、不奉承，让赋起到最好的自荐效果。正如文中所言："漱吮甘液，游泳和气，声韵寖广，卷轴斯存，抑亦古诗之流，希乎述者之意。"——自己泽被皇恩，生长于清明盛世，受其禀赋，所作音声壮而气韵广，形式上追踪古诗，内容上抒发远望，都记录在卷轴里呈上。

而且，杜甫小心地避开了玄宗此时的昏庸，写下的句子神采飞扬。

按理说这个年龄的他早该心绪稳重，不怒不嗔，可是这一次也许寄托太多希望，反而事事纠结，生怕自己一不小心，坏了皇帝的心情，毁了自己的前途。

礼赋已经上呈，他心里既兴奋万分，又焦灼

连连，皇帝到底是如何看待他的才华？他渴盼着皇帝的赞叹，又害怕皇帝怪罪，更怕皇帝的不置可否，不闻不问。他望穿秋水般不断地望向消息可能传来的金銮殿。

而玄宗虽说已无心朝政，但看到有才情的诗赋还是忍不住拍案叫绝。这一次，也许因为杜甫等得太久，也许皇帝当时龙颜大悦，但更主要的原因在于他的赋作浑然大气，所选时机又恰到好处，玄宗很是赞叹，杜甫终于有了一次好运气。

召杜甫进宫面圣的那天，是杜甫一辈子最骄傲的一天。金殿之上，百官侧目，听过太多关于这金殿和天子的传言，此时杜甫却顾不得感慨万千，他深深一揖，“谢陛下召见”，饱含着过尽千帆的沧桑。

玄宗笑着夸奖他几句，给了他一个“参列选序”的资格。

尽管杜甫心中多有疑虑，但他安慰着自己。“参列选序”意味着圣上认可了他的才华，他进入朝廷的机会越来越大了。

何况，虽不若李白“亲手调汤羹”的待遇，但能让玄宗因才情智识而面见的际遇，怕也难有。自己已近不惑之年，获得如此机会，算是很大的安慰，杜甫想着，心潮澎湃。此时的长安，虽然繁华不再，但对于他来说，似乎变得更加可爱了一些。曾经的民生衰败，泥泞大道，耻辱与不甘，在听到消息的刹那间变得毫无意义。他沉浸在这种奇妙的感受中，全神贯注地期待着一道圣旨结束他半世的漂泊。

夜晚，他在住处反复走动，木板被他踩得吱吱作响，他既开心，又感叹。他想着想着，就热泪盈眶，这一个赌，没有输，赌对了。彼时，他还没有想，“参列选序”只是一个资格，并无实职意味着什么。

而当他开始想通过朋友帮自己打听询问，玄宗这边，杜甫这个人已被他忘得差不多了，任职之事，李林甫自然不会替他上心。另一方面，边境线上，玄宗听着边将的“捷报”，不停发动开疆扩土的战争，哪里顾得上他。杜甫本来还犹豫着这一次是不是可以先把妻儿接来，很显然，玄宗在某个瞬间的心血来潮并无兑现的日期，那场殿试，于杜甫是个安慰，于玄宗自己未尝不是。于是，这样的际遇当成一个玩笑就好，可杜甫在长安越久，就越不会开玩笑，他学不会举重若轻，所以，世界在他面前都沉重得足以压垮他的身心。

当然，历史不会让一个人在同一件事中失望

太久，习惯了自我宽慰的玄宗很快就不得不离开锦衣玉食的生活和金碧辉煌的皇宫，经历自己一生也是整个大唐的转折。

扩边的战争屡战屡败，尤其是天宝十载讨伐南诏的战争，落得个全军覆没。但，实情传不到长安，士兵不够了——剑南节度使鲜于仲通率兵八万进攻南诏，全军大败，士卒死者有六万人。杨国忠就令人去抓壮丁，人们知道云南多瘴疠，未及战事死者便有十之八九。没有人肯应募，杨国忠就遣御史分道捕人，把抓来的壮丁用锁链捆成一串，强制送入军队，继续征战南诏。

杜甫亲眼所见：行者愁怨，父母妻子送之，哭声震野。一队队被抓来的穷苦百姓，被逼换上了戎装，佩上了弓箭，征夫的爷娘妻子乱纷纷地在队伍中寻找、呼喊自己的亲人，扯着亲人的衣衫，捶胸顿足，边叮咛边呼号。车马扬起的灰尘，遮天蔽日，连咸阳西北横跨渭水的大桥都被遮没了。千万人的哭声汇成震天的巨响在云际回荡。对一个家庭来说，主要劳动力被抓走了，剩下来的尽是些老弱妇幼，如今生男不如生女好。女孩子还能嫁给近邻，男孩子只能命丧沙场，而这对一个家庭来说不啻于妻离子散的塌天大祸。

杜甫心恨不已，用《兵车行》这首诗，永远

记录下了这人间惨景——

车辚辚，马萧萧，行人弓箭各在腰。
耶娘妻子走相送，尘埃不见咸阳桥。
牵衣顿足拦道哭，哭声直上干云霄。
道旁过者问行人，行人但云点行频。
或从十五北防河，便至四十西营田；
去时里正与裹头，归来头白还戍边。
边庭流血成海水，武皇开边意未已。
君不闻汉家山东二百州，
千村万落生荆杞。
纵有健妇把锄犁，禾生陇亩无东西。
况复秦兵耐苦战，被驱不异犬与鸡。
长者虽有问，役夫敢申恨？
且如今年冬，未休关西卒。
县官急索租，租税从何出？
信知生男恶，反是生女好；
生女犹得嫁比邻，生男埋没随百草！
君不见青海头，古来白骨无人收。
新鬼烦冤旧鬼哭，天阴雨湿声啾啾。

《兵车行》是杜诗名篇，为历代推崇。全诗借征夫对老人的答话，倾诉了人民对战争的痛恨和战争所带来的痛苦。地方官吏在这样的情况下还要横征暴敛，百姓更加痛苦不堪。这是诗人深切地了解民间疾苦和对百姓寄予深刻同情的名篇之一。

“行”本是乐府歌曲的一种体裁，杜甫的《兵车行》没有沿用古题，而是缘事而发，即事名篇，自创新题。诗歌从蓦然而起的客观描述开始，以重墨铺染的雄浑笔法，如风至潮来，在读者眼前展现出一幅震人心弦的送别图。“耶娘妻子走相送”，一个普通的“走”字，寄寓了极浓厚的感情色彩。眷属们追奔呼号，去作那一刹那的生死离别，是何等仓促，何等悲愤！“牵衣顿足拦道哭”，一句之中连续四个动作，又把送行者那种眷恋、悲怆、愤恨、绝望的动作神态，表现得细腻入微。诗人笔下，灰尘弥漫，车马人流令人目眩；哭声遍野，直冲云天——这些听觉视觉上的强烈感受，集中展现了成千上万家庭妻离子散的悲剧，使人触目惊心。

写到“武皇”开边，是以汉喻唐，实指唐玄宗。杜甫把矛头直接指向了最高统治者，是从心底迸发出来的强烈抗议，是怒不可遏的悲愤之情，也是绝不妥协的正义呼喊。

直到笔锋陡转，“君不闻”三字领起，以谈话的口气提醒我们，把视线从流血成海的边庭转移到广阔的内地。“汉家”依然影射唐朝。华山以东的原田沃野、千村万落已人烟萧条，田园荒废，荆棘横生。杜甫从眼前的见闻联想到全国的景象，从一点推及普遍，两相辉映，不仅扩大了诗的表现容量，也加深了诗的表现深度。

“租税从何出?”与“千村万落生荆杞”相呼应。两句前后照应，层层推进，把征夫的苦衷和恐惧心理清晰呈现，不仅表达了戍卒们沉痛哀怨的心情，也表现出那种倾吐苦衷的急切情态。这样通过当事人的口述，又从抓兵、逼租、生女孩的呼喊，呈现出统治者的穷兵黩武和战争的残酷带给人民的双重灾难——包括对心灵的严重摧残。

杜甫几乎能看见华山以东的原田沃野和千村万落变得人烟萧条，田园荒废，荆棘横生，满目凋残。而那些车辙声、哭喊声，如同青海边的古战场般平沙茫茫，白骨露野，阴风惨惨，鬼哭凄凄……

751 年秋天，杜甫又患了疟疾。几个朋友来看望他，他无以为报，就写诗送给他们。

而这一年的守岁，是在同族兄弟、李林甫的女婿杜位家，毕竟待制集贤院，总得“待制”不是。“四十明朝过，飞腾暮景斜。谁能更拘束，烂醉是生涯。”杜甫既已见多官场趋炎附势之徒，此时在杜位这里更觉得拘束，唯有烂醉度此生涯。

结伴而游

天宝十一年，几个失意人来到长安——高适先到，很快，岑参也加入了进来。

此前高适在天宝八载中了“有道科”，有道科不同于进士科，进士科每年都考（宋代之后是三年一考）的常科，有道科称为“制科”，以考察品行道德为主。高适本来做了封丘县尉，因为不忍心逼迫老百姓交租子，写下“我本渔樵孟诸野，一生自是悠悠者。乍可狂歌草泽中，宁堪作吏风尘下？”一诗后，辞了官。

岑参本来前景不错，天宝三载就中了进士，天宝八载入大将高仙芝的幕府，跟随高仙芝征战西域，写下了许多有声名的边塞诗。然而，此时岑参的心情无比低落——高仙芝兵败回长安，岑参自然也是败将，随主将回来了。

几个人自是都有些潦倒，天气好的时候，就去长安东南的慈恩寺。

慈恩寺是唐高宗做太子时，为纪念母亲长孙皇后的恩德所建，建于贞观二十二年（648 年）。

后来的大雁塔是玄奘在永徽三年（652 年）建成的，共有六层。大足元年（701 年）改建，增高为七层。只是，慈恩寺对唐代的士大夫而言，还有更重要的意义，应试的考生，都要去慈恩寺题上自己的名字——“进士某某某题名”，而考上进士的，则会回到这里，在自己那行题名前加一个“前”字。所以说，参加考试的考生，往往是势在必得，逼自己有不成功便成仁的心态。

此番，以“登慈恩寺塔”为题，大家都写了诗。杜甫的这首诗是同题诸诗中的压卷之作——

高标跨苍穹，烈风无时休。
自非旷士怀，登兹翻百忧。
方知象教力，足可追冥搜。
仰穿龙蛇窟，始出枝撑幽。
七星在北户，河汉声西流。
羲和鞭白日，少昊行清秋。
秦山忽破碎，泾渭不可求。
俯视但一气，焉能辨皇州？
回首叫虞舜，苍梧云正愁。
惜哉瑶池饮，日晏昆仑丘。
黄鹄去不息，哀鸣何所投？
君看随阳雁，各有稻粱谋。

本来，到了佛寺，理应写些与佛教相关的诗句，然而杜甫此时并不觉得念佛能缓解自己内心的忧虑，他只觉得大唐江山就像秋日登高时塔周呼啸的风，凛冽而无休无止。

终南山和秦岭，在平地上望过去，只看到青苍的一片，而在塔上远眺，群山大小相杂，高低起伏，大地好像被切成许多碎块。再看长安只看到朦胧一片，山河破碎，清浊不分，京都朦胧，政治昏暗。

杜甫觉得自己并不旷达，即使塔高足以看清北斗和银河，但眼前的一切都是灰蒙蒙的——不说高塔而说高标，正如左思《蜀都赋》中“阳鸟回翼乎高标”句所描绘的直插天穹的树梢，以及李白《蜀道难》中“上有六龙回日之高标”句所形容的高耸入云的峰顶。人仿佛可以横跨苍穹，而自己不如旷达之士那么清逸风雅，登塔俯视神州，百感交集，心中翻滚起无穷无尽的忧虑。

佛教用形象来教人，然而在高远幽深中探索，正如沿着狭窄、曲折而幽深的阶梯向上攀登，如同穿过龙蛇的洞穴，绕过塔内犬牙交错的幽暗梁栏，才能攀到塔的顶层，才豁然开朗。

站在塔的最高层，耳边似乎响着银河水向西流淌的声音。能看到羲和驾着日车的神采，相传羲和赶着六条龙拉着的车子，载着太阳在天空中跑。杜甫觉得那不是六条龙拉着太阳跑，而是羲和赶着太阳跑，他嫌太阳跑得慢，还用鞭子鞭打太阳，催它快跑。而少昊，传说是黄帝的儿子，是主管秋天的神，他正在推行秋令，掌管着人间秋色。

不远处的昭陵，是唐太宗的陵墓，本来受了冤屈的人若是朝廷不给公正的待遇，可以去昭陵哭诉，然而，杜甫向西使劲看去，却被愁云惨雾遮挡了视线。

向东眺望，玄宗和贵妃大概还在骊山那边不分昼夜地宴饮歌舞吧。

据说，黄鹄可以飞得非常非常高，而现在，志向远大的鸟在空中哀鸣盘旋，贤能的人才一个接一个受到排挤，只好离开朝廷，像黄鹄那样哀叫而无处可以投奔。而趋炎附势的随阳雁，却有着高官厚禄，它们是随着太阳温暖迁徙的候鸟，只顾自我谋生，追逐私利。

眼下自己所在的这座佛塔，这么高，足够自己到达悠远的境界，追随神明，然而这境界，大抵就是更看清这现实呢。

高适也有用世之心，所以和杜甫心有戚戚——

香界泯群有，浮图岂诸相。
登临骇孤高，披拂欣大壮。
言是羽翼生，迥出虚空上。
顿疑身世别，乃觉形神王。
宫阙皆户前，山河尽檐向。
秋风昨夜至，秦塞多清旷。
千里何苍苍，五陵郁相望。
盛时惭阮步，末宦知周防。
输效独无因，斯焉可游放。

岑参的诗，从塔高而景色壮阔着笔，他望着远处青青蒙蒙的树，宫殿楼阁，玲珑剔透，写道："塔势如涌出，孤高耸天宫。登临出世界，磴道盘虚空……秋色从西来，苍然满关中。五陵北原上，万古青蒙蒙。净理了可悟，胜因夙所宗。誓将挂冠去，觉道资无穷。"

和杜甫不同，岑参满心都是远离纷争，做个归隐的人。

储光羲和岑参的心情一样："……俯仰宇宙空，庶随了义归。崱屴非大厦，久居亦以危。"

每个人怀着自己的无奈，在这颓败的大唐，光辉的建筑之上，吟唱着自己深切的痛，渺茫的希望。

很快，送别高适，杜甫又陷入了沉闷之中，天宝十二载，三月三日，阳春时节，杜甫在外走了走。春天的曲江美不胜收，嫩柳稍绿，风里有着淡淡的花香，鸟儿并不知道这个国家将要发生什么，还在枝头三两成群，欢欣地唱着——但对心事重重的杜甫而言，再美的景色也难抚内心的苍凉。

忽然，前方传来喧闹声，一路人马分列四队，一看便是皇家的车队。车队中央八匹高头大马驾着的车辇，装潢富丽，侍卫前前后后不下百人，想来是玄宗和贵妃坐在车辇上。

到了芙蓉苑的凉亭，美人们依次步下车辇，除了杨贵妃，还有皇上封的虢国和秦国两位夫人、云幕椒房的后妃至亲。她们一个个看起来肌肤丰润、身材匀称。一副姿态凝重神情高远的样子。绫罗衣裳上有着金丝绣的孔雀，银丝刺的麒麟。发髻上翡翠片花叶直贴到鬓角边，宝珠压住裙腰稳当合身。很快，宴饮开始，丝竹大奏，笙箫鼓乐缠绵婉转，仿佛能感动鬼神，宦官骑马飞奔而来，却没有扬起灰尘，御膳房络绎不绝送来海味山珍：有翡翠蒸锅里的紫驼峰，水晶圆盘的白鱼鲜、鸾刀切成的细肉丝……宾客满座都是达官贵人，随从在其中穿梭，忙不迭地伺候着……

而指挥这一切的那位是丞相吧？不可一世，天下绝伦。杜甫远远看着一切，想起自己也曾通过他人写信给杨国忠求引荐，对自己很是厌恶，转身离开了。是啊，千万不要近前惹那丞相恼怒，其实也真的不想再和他有什么瓜葛。

杜甫回到住处，写下了意味深长的《丽人行》，写出那丽人中虢、秦、韩三夫人的风姿，以及那雅致器皿，精美肴馔，悠扬箫管。很快杨国忠的烜赫骄纵，势焰熏灼也历历在目。全诗语极铺排，富丽华美中蕴含清刚之气。虽然不见讽刺的语言，但在惟妙惟肖的描摹中，隐含犀利的匕首，讥讽入木三分——

三月三日天气新，长安水边多丽人。
态浓意远淑且真，肌理细腻骨肉匀。
绣罗衣裳照暮春，蹙金孔雀银麒麟。
头上何所有？翠为㔩叶垂鬓唇。
背后何所见？珠压腰衱稳称身。
就中云幕椒房亲，赐名大国虢与秦。
紫驼之峰出翠釜，水精之盘行素鳞。
犀箸厌饫久未下，鸾刀缕切空纷纶。
黄门飞鞚不动尘，御厨络绎送八珍。
箫鼓哀吟感鬼神，宾从杂遝实要津。

后来鞍马何逡巡，当轩下马入锦茵。
杨花雪落覆白苹，青鸟飞去衔红巾。
炙手可热势绝伦，慎莫近前丞相嗔！

与其在长安忧心成病，不如同郑虔一起去南塘的朋友那里吧。而这一段经历，稍稍排解了杜甫的情绪。“异花开绝域，滋蔓匝清池。”“兴移无洒扫，随意坐莓苔。”“野鹤清晨出，山精白日藏。”“野老来看客，河鱼不取钱。”……关于这次做客，杜甫写了十首同题五律，他想起吴越漫游，欣赏林间野趣，没有——几乎没有想起长安。

去南塘有很长一段距离，杜甫并不熟悉道路。不过为了寻找幽境胜景，他从来就不怕路途遥远。跟着郑虔兜兜转转，才找到这里的第五桥。

园林很气派，但并不庸俗。名贵的园林依傍一泓绿水，丛丛野竹直上青霄。他想起以前在濠梁时所见的景色，只是心情有些不一样了。

水潭上有春风在荡漾，夏日里树木葱葱郁郁。树上的果实压低了枝叶，而那些田田相连的枝叶里，隐蔽着莺巢……

有趣的是，山野的老人知道杜甫来这里做客，也来看他，还送了许多新鲜的河鱼给他，硬是不要一文钱。杜甫觉得此处淳朴可爱，一点儿也不亚于陶渊明的桃花源。小枣树下一片灰蒙蒙的寒云色，茵陈与春藕共香。生菜又脆又美味，坐在树下的布单上吃生菜，颇感阴凉。野鹤清晨即出，山中的精灵在白天都躲藏了起来。石林邻近蟠龙水晶宫，方圆百里，茫茫苍苍。杜甫回忆起游玩杨柳渚的情景，曾经也在定昆池飞马驰骋。醉酒醒来把玩着青青的荷叶，狂欢之中把白巾小帽也给丢了。眼前湖面宽广，撑船的小伙子肌肉结实，让杜甫想起郢中的船夫，他们熟悉水性就好像江南的吴儿。三人就这样一直饮酒，看斜阳落下秦山，兴致依然不减。

一日，杜甫在云烟笼罩的庭院间散步，庭院中传来清脆的读书声，是何将军的儿子。那孩子小小年纪，背起经典古籍很是了得，甚至许多汉赋都能原封不动地记下来。“真是块读书的料。”杜甫称赞。

何将军虽是武将，但无论从家学还是品位、谈吐，都更像一个文人。他床上的书堆成了小山，几乎要挨到屋顶。杜甫很赞赏他身为武将却不穷兵黩武的风格。

近夜，微风吹来，几人醒酒，静夜无事，便相互听听吟诗诵词。

何将军把细葛布衣挂在萝薜藤上，郑虔侧卧

着，中天凉月如秋水洒满大地，一片雪白。

很快，回去的日期临近，杜甫很是低落，却也无可奈何，总不能一辈子作客他乡。出得门来，溪中流水潺潺；回首一顾，山上白云婀娜，总也放不下留恋的情怀。“自笑灯前舞，谁怜醉后歌。只应与朋好，风雨亦来过。”想想这几天灯前乱舞自娱，酩酊后的歌声倾吐了自己的心声，以往也许无人怜悯。但老郑老何哥儿俩算是一起掏心掏肺了，他们约定，下次不管刮风也好，下雨也好，一定旧地重游……

天宝十三年（754 年），杜甫 42 岁了，仍然如过眼枝叶一般地漂浮在大唐各地。尤其是大唐权臣割据，为了扩张地盘而互相攻伐，让原本就生活困苦的百姓更加穷困。杜甫虽然有无比丰富的精神世界，韵律格调独领风骚，若是没有真性情、无计较的朋友在，他在生活上仍然免不了屡屡求人——40 多岁还居无定所，要依附于人才能勉强苟安，对于杜甫来说，既是无奈也是耻辱。

这一年，天公不作美，闷热的夏季刚过，一雨知秋的节奏刚来，此时淫雨害稼，物价暴涨。杜甫看着噌噌往上涨的粮价，整天愁眉苦脸，他从大唐盛世中走来，又面临大唐乱世的开始，他体验了好与坏的交织，他更渴望大唐中兴，希望百姓安居乐业，不再流离。然而这些美好的愿景在当时都是幻影，物价飞涨让生活变得危机重重。杜甫看着粮行不断换牌上扬的价格，知道“稻米流脂粟米白，公私仓廪俱丰实”的日子早已不在，他摸摸越来越干瘪的口袋，黯然神伤。他期待的生活离他越来越远，担忧的事情却越来越近。

站在大街边上的他，看着淫雨不断、秋寒初起的长安，那些被马匹、骡子反复踩踏的街道，用泥泞的模样言说着它们的不幸。而杜甫就站在这一切悲剧的中间，用满腹才学、用悲天悯人来审视着这一切。可是事实压倒一切幻想，生计不保，亲人不安，国家不宁，这一切现实只能让他踏上远离长安的道路。

其实，这种选择不仅是因为生计所迫，更是一种无奈之选。杜甫回想几十年来的辛酸，他用脚步丈量了大唐的盛衰、人民的疾苦，也让他忠君忠政、忧国忧民的想法，被腐败的当权者践踏得一无是处。

但是杜甫仍然保持着本色，即使骤风过岗，他也直立挺拔。随着两鬓白发的增加，他比以前更想家，更想有一个安稳的地方去安顿家小。但是多少年了，他背井离乡去寻求仕途，可惜造化弄人，时至今日，他还只是一个白衣末微之人。他从没怀疑过自己有能力，然而所有能力，也不过秋荷一般，虽有过艳丽万分，清香醉人的时候，但过了季节就只能是残枝枯叶，一片荒凉。有时他很不平静，很多能力低微之人凭借投机钻营，登高位，化为蠹虫，蛀蚀着百姓和国家。可他勤勤恳恳，积累才学，为济民为匡扶社稷，却百求而不可得。

大唐盛世奈何天，转瞬间，风云急转，后事谁能料定？他望着这满天阴沉的乌云，还是自我安慰着：既然长安不好待，那就去一个更适合的地方。

杜甫决定离开长安这个大都会，寻一处桃源安家，寻一处福地转运。他便先动身回家与妻子商议。

于是一家人前往奉先县。奉先尽管不如长安繁华，但好歹在衣食住行上节省了很大的开销。同时，小地方也乐得清静。

可看到一路四处乞讨的灾民，杜甫心中的沉闷甚至超过此前悲慨自己命运之时：树欲静而风不止。不断衰落的大唐王朝，不管是神都，还是小县，都难逃避腐败、凋敝的可能。

于是在奉先县，他也从来没有断绝过进入庙

堂报效朝廷之念。他是感性的，却有着很多诗人没有的理性。所以，时日未久，杜甫又不愿留在这里了，他那建功立业之心，如逢大旱久盼甘霖般迫切。

他安顿好家小之后，又风尘仆仆地踏上了重返长安之路。

再临长安，他依然不断地给当朝大员递词送赋，也借朋友之手展现自己的能力和愿望。他知道一时屈辱也好，一时权宜也罢，都只是一时之气，他不仅有写诗歌骈赋的才气，也有能治国安邦的能力，既能解生民于倒悬，也能救百姓于水火。

只是他的这颗忠君爱民之心，何时才能被看到呢?

第六章
安史之乱

做官与归家

在茫然地等待和忧愤地作诗中，玄宗皇帝下旨——派杜甫去做河西县令。河西不远，就在离长安不到两百里的地方。

听到这个消息，杜甫并未感觉欣慰，反而拒绝了——县令一职，并不比无官做强到哪里去。当年陶渊明做县令，受尽了苦楚，为了“五斗米”就要向地方上级官员请安作揖。自己更不愿如此折腰，如此吃力讨好。

再等等，他对自己说。

还好，唐代的官吏制度相对比较开明，杜甫不愿做河西县令，便调职去做了右尉率府兵曹参军，替太子管理东宫兵马，相当于总务官。

杜甫也算圆了夙愿，此番出仕，不仅对自己

有一个交代，对家人也是一个安慰。

然而当他背负行囊任职，他才感觉到自己的无力。面对兵器和马舍，他替自己难堪起来——一个当朝有名的诗人，连达官显要都看重他的文才，可是被皇帝钦点之后的结果，却是一个管理甲胄的小官。

自己年纪越大，越觉得这一切不合时宜。对自己的要求，多么愚蠢可笑，暗自下了决心，要向稷契看齐，可这种想法竟然不合实际，落得个到处碰壁，头发都白了，却甘愿辛苦，不肯休息。也许有一天盖上棺材，此事便无法再提，所以只要还没有咽气，志向就不能转移。

想到这里，得官与无官，一下子就不那么重要了。明珠是否埋没在灰尘之中，是天意。

杜甫想着，喝下半碗酒，又甚觉无趣——自己喝酒也一样啊，其实作诗、喝酒也没什么不同，不过是心里烦闷，无处倾诉。他只能，一次又一次地提起笔。

天宝十四年（755 年）的十月、十一月之间，他决定找个机会回奉先县看望自己的家人。在由长安往奉先县的路途中，杜甫写下了《自京赴奉先县咏怀五百字》，其中有那句著名的“朱门酒肉臭，路有冻死骨”。该诗记述了这一段所见所闻，一段大唐历史和一段心路——

杜陵有布衣，老大意转拙。
许身一何愚，窃比稷与契。
居然成濩落，白首甘契阔。
盖棺事则已，此志常觊豁。
穷年忧黎元，叹息肠内热。
取笑同学翁，浩歌弥激烈。
非无江海志，潇洒送日月。
生逢尧舜君，不忍便永诀。
当今廊庙具，构厦岂云缺？
葵藿倾太阳，物性固难夺。
顾惟蝼蚁辈，但自求其穴。
胡为慕大鲸，辄拟偃溟渤？
以兹误生理，独耻事干谒。
兀兀遂至今，忍为尘埃没。
终愧巢与由，未能易其节。
沈饮聊自遣，放歌破愁绝。
岁暮百草零，疾风高冈裂。
天衢阴峥嵘，客子中夜发。
霜严衣带断，指直不得结。
凌晨过骊山，御榻在嵽嵲。
蚩尤塞寒空，蹴踏崖谷滑。

瑶池气郁律，羽林相摩戛。
君臣留欢娱，乐动殷胶葛。
赐浴皆长缨，与宴非短褐。
形庭所分帛，本自寒女出。
鞭挞其夫家，聚敛贡城阙。
圣人筐篚恩，实欲邦国活。
臣如忽至理，君岂弃此物？
多士盈朝廷，仁者宜战栗。
况闻内金盘，尽在卫霍室。
中堂有神仙，烟雾蒙玉质。
煖客貂鼠裘，悲管逐清瑟。
劝客驼蹄羹，霜橙压香橘。
朱门酒肉臭，路有冻死骨。
荣枯咫尺异，惆怅难再述。
北辕就泾渭，官渡又改辙。
群冰从西下，极目高崒兀。
疑是崆峒来，恐触天柱折。
河梁幸未坼，枝撑声窸窣。
行李相攀援，川广不可越。
老妻寄异县，十口隔风雪。
谁能久不顾，庶往共饥渴。
入门闻号咷，幼子饿已卒。
吾宁舍一哀，里巷亦呜咽。

所愧为人父，无食致夭折。
岂知秋禾登，贫窭有仓卒。
生常免租税，名不隶征伐。
抚迹犹酸辛，平人固骚屑。
默思失业徒，因念远戍卒。
忧端齐终南，澒洞不可掇。

归家之路是迫切的，杜甫包袱里装着买给儿女的虎头玩具，买给杨婉的木簪子。他迫不及待地要看到家人见到自己时欣喜的笑脸……

各种草木都已经凋零，狂风怒吼，像要把高山扫平。黑云像山一样压下来，大街上一片阴森。为了赶路，半夜出发是常有的事。此时天冷彻骨，衣服冻得僵硬，本就是洗过太多次的朽布，冻僵的衣带居然断掉了，想把衣带打个结接起来，可是手也冻僵了，手指弯不过来。

天蒙蒙亮的时候，他走到骊山脚下，眼前的骊山就是一整座宫殿，这里有天然的温泉，是避寒最好的地方。每年十月，玄宗带着杨贵妃和所有的大臣，几乎把长安城都搬去了骊山。大雾迷漫，塞满寒冷的天空，杜甫攀登结冰铺霜的山路，眼前雾气很重，岩石湿滑，他高一脚低一脚，很小心才能不让自己滑倒。想来华清池现在正水汽蒸腾吧，就好像王母的瑶池仙境。温泉里暖气蒸腾，乐声大作，响彻辽阔的天宇，皇帝和大臣纵情娱乐，享不尽富贵荣华。赐浴温泉的，都是些高冠长缨的贵人，参加宴会的，更不会有布衣麻鞋的百姓。达官显宦，都分到大量的绸帛。

更何况皇宫内的金盘宝器，听说都转移到国舅家的厅堂了。神仙似的美人在堂上舞蹈，轻烟般的罗衣遮不住玉体的芳香。供客人保暖的，是貂鼠皮袄；朱弦、玉管，正演奏美妙的乐章；劝客人品尝的，是驼蹄羹汤，香橙、金橘，都来自遥远的南方。

远处依稀能看见御林军的卫队，杜甫觉得悲哀——多少有才学的人根本不可能参加里面的宴饮聚会，困守着贫寒郁郁不得志，而那些金玉其外，败絮其中的人，反而当宠得势。

二十里外的村子，杜甫路过那里的时候，亲眼看见官兵用鞭子抽打一个贫苦人家面黄肌瘦的男子。他护着手里的丝帛，那是他年轻的妻子为了糊口，为了供养家庭，磨破了手指一丝一缕织出来的。

现在朝廷派人去抢，丝毫不管这些人的生死，而这华清宫里，大概有上万米丝绸铺着楼阁碧池。也许皇帝一高兴，就会赏赐那些本就绸缎堆积如山的王公大臣，实指望他们感恩图报，救国活民。臣子们如果忽略了皇帝的这番好意，那当皇帝的，岂不等于把财物白扔了！朝廷里挤满了“济济英才”，稍有良心的，真应该触目惊心！而杨国忠当了丞相，那么讨皇帝的喜欢，也许因为其最大的能耐就是聚财——比之前任何时候都多。玄宗去参观国库，看到琳琅满目的宝贝，很是开心，觉得用不完，就随口滥赏给周围的大臣。

此时的玄宗，是不是还在做着盛世梦。

那朱门里富人家的酒肉自始至终飘散出诱人的香气，可是一路上冻死饿死的穷人有谁去埋葬？

杜甫折向北去的道路，赶到泾、渭河边。然而泾、渭合流处的渡口，又改了路线。眼下进退两难，河水冲激着巨大的冰块，波翻浪涌，放眼远望，像起伏的山岭，高接西天。遮天蔽日的水浪仿佛崆峒山从水上漂来，要把天柱碰断。还好，河上的桥梁还没有被冲毁，桥柱子却吱吱呀呀地摇晃。河面很宽，无人能飞越，一起行路的人一个个牵挽过桥，顾不得危险。

好不容易，路好走一些，但午时的太阳依然灼热。远山峥嵘，青灰色镶嵌着一层橘色的阳光，地平线在青色山脉的渐行渐远中若隐若现。杜甫觉得有些热，旧袍子洗得发白，现在又脏得辨不出颜色，昨日经过荒村野地，是在一户姓张的庄稼人家过的夜。这家人生活很苦，面黄肌瘦的小孩子趴在门框上好奇地看着杜甫，所能吃的食物，也只有菰米的米粥。杜甫心里难过，只能留下少得可怜的粥钱。一路处处减省，唯有经过熟悉的朋友家，才敢叨扰，睡得一场好觉。然而乱世所限，家家都有自己的难处，远不是当年结伴游耍，争相邀人做客的光景。此番家门将近，本来就不多的盘缠也所剩无几，回去也不知跟妻儿如何交代。杜甫正想着，抬头看见舔着粥碗的小孩，又从怀里掏出了最后一枚铜子儿。

其实，在他省亲的途中，他生活的大唐，早已经变得千疮百孔，人们的生活，早已滑入了崩溃的边缘。

而他的妻子和孩子寄居在奉先县，无依无傍，漫天风雪，把一家人隔在两个地方。他连自己的亲人都照顾不好，给不了他们安稳的生活，更何况对其他人呢？他此次省亲，就是想把亲人接到长安去，避免受冻挨饿的生活，他希望能更好地照顾妻儿子女，与他们同甘共苦，渡过难关。

眼看着离家越来越近，人烟却越来越稀少。树木凋敝，有些树没有了树皮，显然有人剥去煮食了。路上偶尔能看见瘦骨嶙峋的尸体，几个壕沟里，隐约有野狗吞食东西的声音。杜甫不敢凑上前去看，心底也越来越凄楚。他紧了紧步子，他知道奉先此前因天灾闹饥荒，但没想到会是如此颓败的景象。他担忧起家里的人，但还是侥幸想着一家团圆的样子。

然而，杜甫还是乐观了，当他推开久别的家门时，已然听到杨婉悲痛的哭声，一具小小的棺材和一块同样很小也并不那么白的招魂幡立在简陋屋舍的堂前——自己的小儿子，已经因饥饿生病而死。

杜甫在门口呆立了好久，他无法走上前去扶住孩子母亲的肩膀。杨婉看到了他，失神的、噙着泪水的眼睛哀伤地看着他，没有力气迎他进门。杜甫多么痛恨自己，失去孩子的痛苦变成对自己的鞭笞。

他作为人父，竟然没有办法养活自己的孩子，他辛苦付出这些所为者何？济世安邦，最终也还是想给天下人一份安定，给他们平稳幸福的生活。可是结果呢？自己的孩子却活活饿死。这就是记闷棍，既痛打着自己追寻前程的渴望，也猛击着身处困境的心。内外交困，心力交瘁。而且，在他的记忆中，家境虽不富裕，但人有为义气而死，为亲人而死，只是让亲人饿死之事，还未发生过。

自责、内疚、悲伤、难过一点一点打磨出一把刀，不断地绞割着他的心，日日夜夜。

噩梦里，他会梦到自己孩子天真的小脸，也会梦到死去的人越来越多。那些啃着树皮的人，就这么一个一个失去力气，失去气息。放眼望去，哀鸿遍野，荒草连天，一些村落人去楼空，鸡犬不闻，一些村庄十室九空，炊烟不见。

噩梦惊醒，他抱着头哭出声来，他官职再低再小，好歹不用服兵役徭役，也不用交赋纳税，但连他这种“官宦人家”都养不活自己的孩子，都有这种饿死孩子的人伦悲剧，那么没有做官的老百姓，既要服兵役，还要交租纳税，他们该怎么在这个世道上活下去？还有那些遭遇饥荒，失去土地的农民，缺衣少食，他们又该如何面对这场灾难，又如何求得生存？杜甫内疚自己不能独善也不能济世。杜甫走出门外，天地灰色一片，儿子的棺材已草草埋掉，除了乌鸦的声音，四周一片寂静，可这就是他生活的大唐呀。

他望着盘旋半空或是静默如雕塑的乌鸦，几丝潮湿的风吹过他稀疏的头发，一切都指明天下有了大乱之兆。

国家内乱

放眼中土，军阀积极扩军备战。安禄山、史思明等，正在筹划反叛——危殆的时局雪上加霜。

只是当朝玄宗皇帝正陪着杨贵妃往骊山华清宫避寒游玩呢。

玄宗皇帝本就宠信安禄山，安禄山那个白胖子，走起路来都得左右有人扶着他才行。可就是这样一个人，跳起胡旋舞却迅疾如风，节奏鼓点不差半分，很是有趣。玄宗皇帝曾经指着安禄山滚圆的大肚子说："这里面装的是什么?"安禄山答曰："一颗忠心。"

玄宗皇帝让他身兼三镇节度使，同时兼领平卢、河北转运使等一系列职务。这在当时的和平年代，掌握如此权柄的武将少之又少。他是杨贵妃的干儿子，在杨贵妃专享的华清池沐过浴。他也是皇帝加封的同平章事，宰相级的人物。

很快，安禄山身兼三大兵镇独掌 15 万的兵力，拥兵边陲，其手下骁勇善战，几乎个个都受到玄宗宠信，这引来宰相杨国忠的忌恨。安禄山与杨国忠交恶，唐玄宗对此却不加干预。

安禄山久怀异志，加上手握重兵，很快以讨杨之名举兵叛唐。

战争的乌云从幽州向长安压来时，玄宗皇帝与杨贵妃还在日日笙歌，醉生梦死。

固然朝野腐败，但安史之乱若是仅仅怪罪在杨玉环头上，还是有失公允的。

十一年前也就是744年的突厥大乱，玄宗乘机灭之，连年和吐蕃苦战，把中宗时所失的河西九曲之地收复，国威似乎复振。然而自武后以来，国家荒淫奢侈之习，渐染已深。

另一方面，唐朝的武功从表面看，虽和汉朝相等，其声威所至或许超过汉朝，但论经营域外，汉武帝时，攻击匈奴，前后数十次，以至征伐大宛，救护乌孙，都是仗着自己的军事实力去摧破强敌。唐朝征服突厥、薛延陀等则多因利乘便，对外征战多借用藩兵。而玄宗时，府兵制度业已废坏，吐蕃、突厥的势力都有所增强，契丹气势亦渐盛。欲图控制、守御，就不得不倚重边兵，边兵的领导者则是所谓藩镇，割据之时便成一方霸权——唐太宗时平定东突厥及契丹各族后，将其内徙至河北一带，河北于是成为胡人杂居之地。当地胡化甚深，因此与唐室的中原关系疏离。唐室为了便于统治，倚重能通多种胡语及了解外族民风者。李林甫出任宰相时，为巩固权位，杜绝边将入相之路，称胡人忠勇无异心，建议玄宗用胡人为镇守边界的节度使，而且放任他们拥兵自重。因此安禄山等得以取得权力，东北城的鞠仁兵是安禄山部队中最骁勇劲捷的一支部队。而安禄山也因兼三大兵镇独掌近二十万的兵力而有叛唐的实力及野心。

李林甫的暴虐与伪善固然加剧了官场内部以及官场与民间的矛盾，并让一切极端化，但他的势力庞大，对安禄山等人的野心也有一定的牵制作用。只是李林甫一死，伺机这片沃土的胡人便蠢蠢欲动起来。

天宝十四年十一月，安禄山、史思明的叛军迅速攻城略地，将大唐的最后一点盛世的假象撕裂得支离破碎。

但是当时通信不发达，安史之乱的信息还没有传到长安。宏伟的长安依然矗立不动，权贵之家依然歌舞升平，日费万金，百姓还是饥肠辘辘。可是很多人对“朱门酒肉臭，路有冻死骨”的惨剧，早已麻木不仁、习以为常，只是这种习惯产生的荼毒很快会被自己吞下。

辗转赴灵武

天宝十四年，杜甫 43 岁。

次年，唐玄宗带杨贵妃与杨国忠逃往蜀中，

途经马嵬驿时，随驾禁军将校一致要求处死杨贵妃和杨国忠。

这样的转折让杜甫感慨万分，当时国运昌盛时，皇帝耽于享受，宠妃宠臣，不勤政务，当国家衰落了，还不知反思，讳疾忌医，文过饰非，自欺欺人——再有抱负的大臣也无法日复一日勤勉于政了。

天宝十五载（756）正月一日，安禄山于洛阳自称雄武皇帝，国号大燕，改元圣武元年，设置丞相等朝官。

大唐王朝曾经豪气万丈，如今只剩苟延残喘。

自此，唐朝土地上就有了两个朝廷，两个对抗的集团。而这两个集团的武力对抗，此起彼伏的纷争撕扯，造成了唐朝的彻底衰败。而杜甫就在这样的环境下，艰难地生存着。

年初时，杜甫还在长安，可是战乱马上就要波及长安。长安的达官贵人们都携带家眷跟着玄宗皇帝撤离，而杜甫也只能仓促避难。

一家人又逃到奉先，这里的记忆太过痛苦，毕竟他的幼子丧命于此。很快他们又辗转到白水。那里有他的亲朋，至少可以停留一段时间。然而，叛军兵锋所指，没有一处是桃源净土，一路之上都是饿殍遍野，妻离子散的惨剧。奔波了一个月左右，兜兜转转，又从白水取道华原，前往鄜州（今陕西鄜县）。

一路上，杜甫被满眼流民的苦难景象所震惊。他置身于迁徙大潮中，那些流民面容枯槁，面黄肌瘦，老人、小孩、妇女在自家男人的牵引下，慢慢地朝远离战祸的地方走去。这一个月以来，不断有人倒在了前行的大路上，远处的狼群尾随在他们的身后，只要有人倒下，就会有土狼野狗跑过来啃食那些尸体。稍微好一些的人家，会给亡人草草埋葬，因为埋得比较浅，一到晚上那些野兽出没在野地荒岭，便将新坟刨开寻找尸体。有时候人们甚至都能听到风中传来的野狗咀嚼人骨的声音，让人不禁发寒。

就在这样的颠沛流离中，杜甫一家来到了三川县同家洼，寓居在故人孙宰家。在这里，他稍微缓过一口气来。他一直怕自己的亲人朋友也倒在逃难的路上，到那时他们就得落下一个葬身野狗之腹的下场了。

这时，传来一个消息，太子被玄宗任命为天下兵马大元帅，负责平叛。再后来又听闻太子在灵武即位。闻听此事，杜甫感觉自己又找到了报效国家的机会了。此时，国家正是用人之际，他若能投奔新皇帝，可能会得到重用的机会。于

是，杜甫将妻子安顿在三川县，自己收拾行装，只身前往灵武。

新皇帝的所在地灵武，与三川县相距甚远，要想到达，还需要穿过叛军控制的区域，风险极大。但杜甫对大唐一片忠心，他知道此时朝廷更加需要人才，他必须去。

一路上叛军四处抓人，每日每夜，他都会眼睁睁地看到昨天还同行的伙伴，变成了今天路边的尸体。混乱的时局，更多人唯一的目标只是活下去。

更让杜甫难受的是，那些富豪人家互相结队防护，将自己与流民分离开来。他们在营帐中甚至能烤肉喝酒，而另一边的难民却是吃树皮，啃草根。一些山林里的树皮、草根都被挖光吃尽，走投无路的饥民甚至易子相食。

杜甫看着眼前的场面，他痛哭流涕，王道教化的乐土变成人间地狱，而自己竟亲历这一切。

困顿和半饥半饱中，杜甫偷偷去了城边的曲江，凭吊以前的乐游园——芙蓉苑。如今又是春天了，花红柳绿依然兀自热闹着，只是宜春苑、芙蓉苑都紧锁宫门，那这些杨柳轻柔、菰蒲娇嫩苍绿为谁生？想当年銮驾游猎来到了芙蓉苑，苑中的花树似乎焕发异样光彩。玄宗出游，杨贵妃总是随行在身侧，眯起眼睛笑的时候，眼中星星点点的光彩煞是明艳动人。御车前矫捷女官人人身骑白马，背带弓箭，英姿飒爽。那马同样配着精致的金属嚼环……明眸皓齿的杨贵妃而今在何处？渭水清澈向东流，剑阁峥嵘林深，君去妃留，生死间彼此消息自然不灵。乐极生悲，人死国亡，杜甫在《哀江头》中记下了那些记忆和现实中的情境——

少陵野老吞声哭，春日潜行曲江曲。
江头宫殿锁千门，细柳新蒲为谁绿？
忆昔霓旌下南苑，苑中万物生颜色。
昭阳殿里第一人，同辇随君侍君侧。
辇前才人带弓箭，白马嚼啮黄金勒。
翻身向天仰射云，一笑正坠双飞翼。
明眸皓齿今何在？血污游魂归不得。
清渭东流剑阁深，去住彼此无消息！
人生有情泪沾臆，江水江花岂终极？
黄昏胡骑尘满城，欲往城南望城北。

人生有情，死别有谁不泪落沾襟？江水流呵江花飘，悲伤岂有终境？史上罕有一箭双雕，却多见两败俱伤，马嵬坡死的大概不只是杨贵妃，还有唐玄宗的一颗心、半个魂，剩下的半个魂，也常常陷在悔恨和惊恐里。

黄昏时尘埃满天，胡骑又来劫城，杜甫想往南逃却往北，连方向也无法辨清……

这首诗由眼前到回忆，由回忆到现实的过程描述，波澜起伏、纡曲难伸而又愁肠百结、含隐无穷，读之令人肝肠寸断。

彼时的杜甫还有着对自己的哀怨，觉得如果说自己曾经的理想真是功名利禄也就罢了，但偏偏是大而无用的空想。就像庄子说的那个巨大的葫芦，长得那么大，若是剖开做葫芦，可以装下五石东西，然而，这岂非是大而无当，自己的理想也不过和那个没着落的大葫芦一样吧。

而大唐疆土，还不习惯凋敝和战乱，诗人的世界有为官出仕的困扰，但当生活的窘境变成现实，贪恋浪漫的情绪在忍饥挨饿中变成矛盾，变成对自己对世人对整个世界的嘲笑。杜甫是嚼碎了人间苦楚，然而没有几个人有勇气就这么直视着世间的悲哀残酷，对精神世界无比丰富的杜甫来说，认清现实很容易，然而即便韵律格调独领风骚，在战乱之际，记录下一切却是一件对自己来说异常残酷的事。有勇气刻在句子里，古往今来，没有几个人像杜甫一样愿意承受如此巨大的沉痛。杜甫把人间真相刻在自己的心脏上，一层摞一层，密密麻麻。血落下，就擦干，又常常给出一个近乎希望的结尾。希望，那是他能撑着自己写下去的最后理由。

他成就的诗史，对得起后人，但对不起自己。

曲江边，已经有人注意到了这个神情恍惚的老头。杜甫用脏兮兮的袖口擦擦眼睛，他的草鞋破了，衣肘处磨烂了，之前妻子给他准备的衣物他没有带，他像和自己赌气一样，毕竟，这一路随时都有殒命的可能。

但九死总归有一生，总比守着落入豺狼手中的长安坐以待毙强。

杜甫哽咽着，他不能哭出声响引人好奇，他只能呜呜咽咽把哭声吞进去。吞进去也不能咽下去，毕竟，这样的世界，只给他作首诗的时间，诗写完，就该继续上路了。

一路潜行到了城门口，尽管杜甫小心谨慎，但盘查的叛军再三讯问，他裹在破衣烂衫下的儒雅还是出卖了他。

叛军觉得杜甫到底不是普通的百姓，便扭住他的胳膊，盘问他的身份。杜甫咳嗽数声，眉眼间流露出悲切和一丝比恐惧更深意味的东西。杜甫当然不会承认自己是去灵武，他连写诗的手稿都没带，也没有证据证明他的身份，他又一再说自己只是寻常百姓。看着叛军怀疑的厉色，他虽急于辩驳，但解释起来又拘谨、有停顿，是不会说谎的人特有的生涩。

自然，叛军不允许任何一个能成为反扑力量的有识之士成为日后的威胁，还是扭送杜甫重新回到没有大唐的长安，勒令他不能出城。

途中还有更多的人被叛军抓了起来，有一些人试图反抗便被叛军当场处决，死后尸体就被直接扔在路边，任由野狗来啃食。

一些尸体已经腐烂。当杜甫朝路边的原野望去，横七竖八倒在荒草中的尸体一片接一片地向远方蔓延。腐臭不断飘散，仿佛这一片天地就是地狱。秃鹫叫声响起，此起彼伏，由远及近。而城内，胡茄声绵长不绝。

逃难的人群中还有一些曾经的官家富户，只是他们在兵乱中，慌忙逃窜，行李、粮食都被盗贼抢光了。在被抓的路上，还有几个同行的读书人，虽然衣服残破了，但是从质地就可以看出是苏杭上好的绢，也看得出来是富家子弟。当叛军让他们排队去喝粥时，众人只见粥里清汤寡水不见什么粮食，几颗未去壳的粗粟飘飘荡荡，其中一人，神色悲愤，将碗里的粥泼在了地上。一旁的叛军士兵看到，不由分说，拔出了刀对着他，那富家公子有些惊恐，道：“如此不讲道理，有辱斯文。”而那叛军说：“你既然这么喜欢讲道理，那就让你一辈子讲不了道理。”于是一刀挥出，那公子的下巴便鲜血直流，他举手捂着伤口，血不断地涌出来，但是他喉咙在动，还有话想说。但谁也听不到他要说什么了。另一个公子模样的人悲愤地喊着：“要不了多久，我让我爹杀你全家。”话音未落，叛军就挥刀过来了……那公子怕是直到他死都不敢相信，一个普通的叛军小兵就敢杀他。

杜甫远远地看着这一幕，本想上前劝那些公子哥、读书人少一些冲动，多一些冷静，但根本无法靠近。

也许这些公子哥的行为惹怒了叛军，于是整个粥铺停止了放粥。这种连坐性质的惩罚，将挤在那里等候喝粥的人的愤恨都激发了出来。但是很快，一队披坚执锐的叛军士兵冲了过来，拔出明晃晃的长刀，看那架势，只要谁敢乱动，马上就会立即处死。但饥饿与恐慌在人群中迅速传开，杜甫知道待在叛军这里，只有死路一条。他不会就此停步的。

杜甫在城门口徘徊，依然试图寻找机会。夜幕下，城头墙上伫立着一只白头乌鸦，还飞进延秋门叫呱呱。眼前这些怪物，不停向大官宅邸啄个不停，吓得大臣们逃离了家。眼看玄宗出奔，折断金鞭又累死九马，皇亲国戚也来不及和他一同驱驾。

街边一个少年的哭声引起了杜甫的注意。那男孩儿精致的袍子肮脏不堪，沾满了血污，而他的腰间还佩带玉玦和珊瑚，嗓子哑了也还是在哭。围观的人摇头叹息千问万问，他始终不肯说出自己的姓名，只是絮絮说自己已经流浪了一百多天，藏身荆棘丛下，生活困苦，求人收他做奴。他的身上无完肤，遍体是裂痕和伤疤，再仔细看，这男孩儿有着高帝子孙的高直鼻梁，即使落魄，也有种绝非普通人的教养。杜甫知道这孩子一定是皇上的子嗣，他心如刀割——豺狼在城称帝，龙种却流落荒野……

四处都是叛军，杜甫不敢与这孩子长时交谈，只是蹲下身，握住他的手说："好孩子，一定要保重身体，我私下听说皇上已把皇位传给太子，南单于派使者割面，请求上前线。你千万不要说出去，更小心提防暗探缉拿……保重……保重，大唐不会就这样失去的，中兴有望，记得。"说着，望着孩子惊恐而脆弱的眼睛，杜甫也老泪纵横。

在这陷落的长安，杜甫找到了他的好朋友郑虔。长安陷落后，安禄山的部下孙孝哲在长安搜捕唐朝的文武官员。郑虔被俘虏，并一同被送往洛阳。安禄山深知才子对一个新政权的重要，对郑虔等尤为恭敬，毕竟他们曾经同朝称臣。郑虔才情无双，“郑虔三绝”更是名动京师。此番，安禄山封郑虔为水部郎中，然而郑虔推说自己体弱多病不愿就任。

安禄山看到他不停咳嗽又面黄肌瘦，确实没半点血色，便安排他在家中养病，又分了仆人和府宅给他，特赦等他痊愈后再上任。

当然，这也是一种变相的软禁——分配仆役是为了看住他，以免他投奔肃宗。

郑虔并没有接受委任，并且聪明的他和一个熟识的医生商量好，每当安禄山问起，医生便愁眉不展地说他病况又有加重。郑虔还总是托人带话给安禄山，说“如今的皇上恩宠于我，我只是想早日痊愈好辅佐天子”。

话总是会让安禄山听到，而安禄山还有很多事要操心，很多新鲜想要享受，慢慢地忘了郑虔，不再那么严加管束。

事实上，郑虔一边装病，一边心急如焚。他和杜甫一样，对大唐的心天地可表，而如今在这样的情况下相遇，杜甫一方面甚是欣慰，一方面也很感动。

正如杜甫所希望的那样，肃宗即位的第二年，时局向有利于大唐的方向发展。第一，安禄山被自己的儿子杀死，这让叛军阵营产生了极大的震动，也造成了叛军势力的削弱；第二，郭子仪收复东京（洛阳），这对于大唐来说无异是一个令人振奋的消息。两者给大唐及其子民巨大的希望与动力。

此时，许多曾为官者或受胁迫或出于自愿，纷纷投靠了叛军，而杜甫在贼据的长安城中忍受厄运，但“饿死事小，失节事大”，他始终没有接受伪职，也没有向接受伪职的朋友或熟人摇尾乞怜。他只记着那些帮过他的人，比如大云寺里的赞上人，收留他多日，还给了他一双草鞋，一条白巾，他感激涕零……

第七章 乱世为官

授左拾遗

四月份时，杜甫终于趁着叛军不注意从金光门奔逃而出，中间又转道凤翔。

杜甫一路向西走，当着落日，望眼欲穿，一路上也还是担忧、惊悸，不熟悉的路很容易迷失，杜甫一路记着路旁树木以引导方向。眼看着前方山岭相连，仿佛死路一条，连日的奔波让杜甫绝望。却在这时，见到山中有一道光线传过来，不觉松了一口气，仿佛死里逃生。

这一路的艰辛坎坷，杜甫已形容枯槁，面容憔悴，幸运之神还是眷顾他了——“西忆岐阳信，无人遂却回。眼穿当落日，心死著寒灰。雾树行相引，连山望忽开。所亲惊老瘦，辛苦贼中来”。

杜甫到达凤翔时狼狈不堪，手肘的衣服全部

磨破，草鞋也丢了一只，蓬头垢面就像乞丐一样。

但在杜甫心目中，唐肃宗是周宣王、汉光武这样的中兴之主。如今九死一生，百转千回，他还是见着了新皇帝。而眼下中兴有望——“喜心翻倒极，呜咽泪沾巾”——乐极生了悲情。

五月十六日，杜甫被授予了左拾遗的官职。左拾遗属门下省，从八品上。掌供奉讽谏，大事廷议，小则上封事。这个官比当初看管甲胄的官来说，实际并没有大多少，不过看起来似乎是重用了一些，只因肃宗对他并不了解，内心有所提防。不过对于杜甫来说，官职大小可能并不是他最看重的，他所看重的是可不可以上书进言，上达天庭。而现在，这一切付出都是值得的，至少他可以向皇帝说说自己的想法了——关于做官这件事，他一直存有的就是这样微小的愿望而已。

当然，杜甫此次得以官拜左拾遗，一来是自己忠心不二，二来是由于此前在长安已有任职，三来则要感谢故友房琯。房琯诗文皆很有造诣，杜甫尤其敬重他的人品。安史之乱初期，玄宗凌晨从延秋门出逃，文武百官各自奔命。高力士本来对玄宗说：“张均、张垍兄弟，世受国恩，又连戚属，必当先至。房琯素有宰相望，深为禄山所器，必不此来。”

事实正好相反，张均、张垍在行至城南十多里山寺时，以家在城中为由，逗留不进。房琯只好独自骑马而走，在普安赶上了皇帝的大队人马。

玄宗非常欣慰，当即授房琯为文部尚书，并听从他的建议，将大权四分，太子李亨和永王、盛王、丰王分别御贼和固守四处疆域。很快，太子宣布即位，玄宗表示同意并派房琯等人前去为其加冕册封。然而房琯与永王、盛王等关系也很不错，而永王李璘是肃宗最大的心病，因此肃宗对房琯一开始未免生有芥蒂。

而此时的房琯略有自负，又雅好宾客，文吏之事尚可，但用兵则无谋，以致打了败仗。

肃宗倒是并未对他有所贬斥，只是自己更信任的北海太守贺兰进明明确对肃宗表示房琯并不忠心，在其他几个封了王的皇子那儿都留了一手。

肃宗最讨厌有人拿他这个皇帝不当皇帝，观望其他几个皇子的动向，因此无比厌恶房琯，并下诏以贺兰进明为河南节度兼御史大夫。

房琯自知已被冷落，抑郁称病，不事朝谒，于政事多有疏忽怠慢，于是更多人看准机会落井下石。肃宗听到更多谗言，很快对房琯完全失去信任。

而杜甫刚刚接诰书上任，听闻肃宗对房琯的态度，内心不平。于是，在杜甫做左拾遗不久，便自不量力直言上书，希望能救一救房琯。

在杜甫看来，劝谏一事只有因事，而不能因皇帝的心情，在这一点上，他有着文人的意气用事，而非政治家的深思熟虑。

杜甫对现实很敏感，在他眼里，有太多不公平，太多不作为，太多应该改正的政令，太多需要审视的黑暗和绝望。

面对凄冷寒窗，杜甫想起妻子儿女，心如刀绞，不知现在家还在不在，听说那里也遭到乱兵的戕害，杀得鸡犬不留，山中漏雨的茅屋恐怕没人了。乱世的人家很少有夫妻双全吧，杜甫愁肠百结，老是回头远望——自从去年寄信回去到眼下已有十个月，他既期待又害怕有消息来，若是不好的消息，自己还有什么力气撑着自己活下去。因为内心的焦灼，杜甫每次提笔上书，都变成了一个语重心长的老人，对大唐复兴的忧思，让他殚精竭虑。

而对一个皇帝来说，这样的杜甫先让他苦笑，又让他厌恶。

这一日，肃宗皱着眉看着杜甫的奏章，这一

次写的是粮价的问题。杜甫认为不仅应该有平衡粮价的律令，还应当派官员专门确保执行，说贫穷人家的孩子常常会饿死。

肃宗不耐烦地把奏折扔在了一边，眼看各地乱象依然此起彼伏，粮草补给都成问题，又何谈平稳粮价。

正心烦，又看到关于房琯的奏折——八品小官杜甫又为房琯一事仗义执言了。

肃宗直接将奏折远远扔了出去，怒声呵道："杜甫，又是杜甫，这些吃里爬外的乱臣贼子，他大概想和房琯一起废了朕的江山，朕倒是想先要了他的脑袋！"

宰相张镐俯身捡起了奏折，此前正是张镐接待了衣衫褴褛从敌人那里奔波而来的杜甫，"麻衣见天子"令他颇为动容，之后也正是他给杜甫发过左拾遗的任命诰书。

此时，张镐替他说了话："甫若抵罪，绝言者路。"

肃宗想了想，努力平息了自己的怒火，摆了摆手说："朕不想再看见他，此事你处理好便可。"

杜甫未曾想过肃宗内心深处对前朝的老臣如此抵触——很多时候都在想着如何将前朝的老臣一并从他的朝廷中赶出去。也正因如此，房琯就

算并没有做什么忤逆朝廷的事，也逃脱不了被边缘化的命运。

杜甫并不知道这一切。他认为，于情于理，房琯毕竟替大唐做出过杰出的贡献，就算念及老臣的脸面，也不能不分青红皂白就一并打死。杜甫语重心长愁白了头，肃宗并不领情。不过，肃宗考虑着杜甫不远万里跑到了自己的眼前，如果就这样将他革了职，好像于朝廷上下都不能有一个交代。

鄜州省亲

“皇帝二载秋，闰八月初吉”，杜甫被下令“回去歇歇”。

杜甫觉得惭愧，在这艰难与忧患并存的时节，朝野上下都少有闲暇，他竟然受到特殊照顾，被恩准放一个长假，回家省亲——其实，杜甫也是隐约知道的——这和此前房琯被贺兰进明等人诬谤受贿而论罪，杜甫上疏为房琯辩罪，肃宗命他离凤翔探家一样，实为遣归。

诏令已下，宫阙之中已然拜别，杜甫心里依然惶恐不安。肃宗是中兴之主，处理朝政也勤勉。何况东胡人的叛乱还没有平息，杜甫难以抑制深切的悲愤之情，尽管他知道自己太耿直，缺少直言进谏的资质，可还是担忧君主会有所失误，所以日日期待肃宗回心转意。眼看没有任何希望，他才决定出发。挥泪告别之际，在皇帝所住之处磕了几个头，抬头时，杜甫又是泪流满面。

是啊，“乾坤含疮痍，忧虞何时毕”！

凤翔几乎已经没有马可以骑了，为了击退叛军，收复长安，军队几乎把所有的马都征走了。之前弟弟给他来信说，妻子杨婉因为担心他的安危，已经哭过好几回了。而到鄜州，要过麟游，经邠州，路程太遥远，既然已经决定离开，还是尽快回到家人的身边吧。他左思右想，还是决定去李嗣业将军那里借一匹马，此时李嗣业从邠州来到凤翔，正在集结军队。

一路步履靡靡，所经之地无不人烟稀稀，满目疮痍。遇到的大多都是伤残者，他们和受伤的疆土一样，在呻吟，也在流血。

杜甫回过头望望凤翔，那里的旌旗在黄昏中忽隐忽现。

前方一道道寒山，经历过战争的沃土还有饮马用的水洼已屡见不鲜。在大山的包围之中，邠州城郊仿佛沉入了地底，泾水在其中暗流汹涌。而路边的石崖也处处裂着缝，仿佛猛虎发出巨大的吼声。唯独一些不怕寒冷的秋菊开放着。

在深刻着车辙的石道旁边，杜甫深深吸口气，抖擞了下精神。毕竟，天上的青云令人振奋，林间的事物也惹人喜悦，满山遍野混杂着细小而繁多的橡栗和山果，红的像丹砂，黑的如点漆，凡是雨露所滋润的树木，无论是甜是苦，都结满了果实。

若是隐居在这样的山林里，也能若桃花源中的世外乐土吧。杜甫越发感到自己处事是多么笨拙。

登上山冈，鄜州城已然在望，前方的高山与深谷交相出没。行至水滨，仆人却落在身后的山冈，远远望去仿佛置身在树梢之上。猫头鹰站在枯黄的桑树上哭着，那种叫“礼鼠”的野鼠小心地趴在地上找寻食物，不时警惕地起身眺望，两只前爪拱起来，像作揖一样，看看有没有敌人。

夜深了，经过一片战场，荒草丛中，许多尸骨已经腐烂成白骨，清冷的月光下历历在目。杜甫觉得惨绝人寰，他想起哥舒翰率二十万军队镇守潼关，但经不住杨国忠时时派人来督战，哥舒翰被迫开关，与安史叛军交战。很快，潼关失守，安史叛军长驱直入，而生活在秦地的百姓多被残害，丢掉了性命，关中地区一片生灵涂炭。

自己曾一度陷入叛军之手，等到逃出之日也

已满头白发。

终于，他又见到了杨婉。远远看见妻子，她背对着他正在喂几只瘦小的鸡，碎布拼接的衣服破烂不堪，再也没有少女时红裙的装束了。

儿子眉眼长得很像妻子，神态却很像自己，他用手支着小脑袋，坐在门槛上，胳膊细得像能折断的芦苇秆，眉头拧成一个小疙瘩，他的脸色和雪一样苍白，身上积满垢腻，脚上连袜子也没有。见到了父亲，他坐直了身子，愣愣地盯着父亲，有些惊恐，因为许久没见，已不太记得住眼前的人是谁。

杨婉也感觉到了什么，转过身，看见了自己的丈夫，哀伤的眼神突然充满了难以置信，眼睛一眨不眨地使劲儿望着杜甫，像是在梦里。

然后，还未及开口，两个人都流下了泪水，却是杨婉先抹净了脸上的泪，迎着杜甫进门，边走边对趴在门边上的小孩子说："去给父亲打盆温水。"

儿子转过身噔噔地跑走了。

杜甫进屋坐下，他素来疼爱的两个女儿穿着补丁摞补丁的衣服，连膝盖都罩不住，而那衣服上东一块西一块拼着旧似被面上的布，横七竖八地是八首人面、虎身十尾的水神"天吴"和看不清样子的动物，她们围坐在杜甫身旁。一边绣有海上波涛的旧被面子已经开裂，经过缝补，已起皱走形。风吹过屋外松树，发出呜咽声，而一家人也抱在一起放声哭起来。

不一会儿，邻居们也都在墙边往里观望，杜甫迎出门去，人们唏嘘不已，说着：“好官爷回来了，前线的战事怎么样了？什么时候能安安稳稳过日子？”

有的带着酒来看他，对他说：“人总是越来越少，每次征兵连小孩子都拉走了，没见谁回来过。杜先生，你一定是个大善人，菩萨才会一直保佑你。”

杜甫此行回家，多多少少带了些家用回来，但并没有多少，不过是聊以安慰，无法很好地对抗即将到来的冬日的寒冷。同时，他也拿出少许面料，还有一小包脂粉。

杨婉接过脂粉，消瘦的脸上有了光泽，她拿着梳子，一点一点梳着头发，轻轻给没有血色的脸上敷着粉，抹上少许胭脂，又用铅粉补了眉毛，转身对杜甫笑了笑，神色有了些许明媚。两个女儿也跟在母亲身后，学着母亲的样子，什么都要尝试一番……

杜甫一瞬间有些恍惚，直到杨婉对他说“快

吃点东西吧”，杜甫才回过神——能够生还并见到家人们，他已忘记了疲惫和饥饿。

几日来，他和孩子们又重新熟络起来，有时杨婉会大声呵斥孩子们“别闹”，但杜甫觉得满满的幸福，并不会呵斥他们。是啊，如果一定要对比，想起在叛贼手里的忧愁岁月，这点吵闹聒噪他甘心忍受。刚刚归家，暂且宽慰几日吧，哪能立刻就考虑起生计问题。

只是杜甫的心情依然十分低落，回家之后，他病了一场，又吐又泻，卧床数日不起。身心俱疲的他刚入朝没多久，又被放逐，他还没有熟悉什么是官场的生活，还什么为国为民的事都没有做。即使是当年在凤翔做官，饥一顿饱一顿，朝服都置办不起，但杜甫也没有觉得绝望。然而，失望太多次，句子里的希望便越来越少。

尽管如此，在家中几日，杜甫依然牵系着皇帝，眼下皇帝也是沦落在风尘之中，何时能停止操练兵卒？中原还不至于落入贼手，而且，天色已然有所改观，妖气也有所消散。然而杜甫始终能感觉到有一丝丝惨淡的阴风，随同回纥从西北方吹来。

杜甫很害怕肃宗做出借兵回纥的决定，他反复和朋友说：“若是调度合理，靠我朝兵力，亦可收复两京，恢复中原，否则后患无穷。”此时的肃宗，希望向西边少数民族回纥借兵，这是终日骑在马背上的游牧民族，他们的旗帜和衣服都是白色的，每个士兵都配有两匹马，一个人骑一匹，还带一匹备用。回纥此次借出五千士兵，一万匹马，肃宗很是感谢回纥首领，把反击安史叛军和收复长安的希望都寄托在这上面，朝廷也都翘首以待，没有谁敢说反对的话。

眼下正是消灭叛军的时机，山西北部、河北北部官兵捷报频传，士气正盛，一定能收复长安东北部的土地，而这肃杀的深秋，草木凋零，老天爷也不怒自威，浩然正气一定能涤荡阴邪和贪婪，异族的叛乱者很快就将得到惩治。

然而正因如此杜甫才无比焦虑，毕竟回纥是外族的兵力，以后难免徒生事端。但从眼下来讲，得到有力的援助，比什么都重要，而回纥出兵，洛阳收复并不是难题。只是，杜甫期望着千万不要让回纥的军队单独作战，唐朝的军队养精蓄锐许久，应当同回纥一起向东进发，继而打下青州、徐州，直捣叛军老巢。

事实上，后来的形势发展证明了杜甫的政治远见——回纥在帮助唐王朝收复长安、洛阳之后，很长一段时间盘踞在长安不肯撤出。

深秋寒意浓，秋风又时常作弄人，杜甫受了风寒，上吐下泻，然而，他依然提笔写下了呈现当年大唐王朝生活的生动的历史画卷和一个忧国忧民、爱妻疼子、病病快快的老头形象的《北征》：

皇帝二载秋，闰八月初吉。
杜子将北征，苍茫问家室。
维时遭艰虞，朝野少暇日。
顾惭恩私被，诏许归蓬荜。
拜辞诣阙下，怵惕久未出。
虽乏谏诤姿，恐君有遗失。
君诚中兴主，经纬固密勿。
东胡反未已，臣甫愤所切。
挥涕恋行在，道途犹恍惚。
乾坤含疮痍，忧虞何时毕！
靡靡逾阡陌，人烟眇萧瑟。
所遇多被伤，呻吟更流血。
回首凤翔县，旌旗晚明灭。
前登寒山重，屡得饮马窟。
邠郊入地底，泾水中荡潏。
猛虎立我前，苍崖吼时裂。
菊垂今秋花，石戴古车辙。
青云动高兴，幽事亦可悦。

山果多琐细，罗生杂橡栗。
或红如丹砂，或黑如点漆。
雨露之所濡，甘苦齐结实。
缅思桃源内，益叹身世拙。
坡陀望鄜畤，岩谷互出没。
我行已水滨，我仆犹木末。
鸱鸟鸣黄桑，野鼠拱乱穴。
夜深经战场，寒月照白骨。
潼关百万师，往者散何卒？
遂令半秦民，残害为异物。
况我堕胡尘，及归尽华发。
经年至茅屋，妻子衣百结。
恸哭松声回，悲泉共幽咽。
平生所娇儿，颜色白胜雪。
见爷背面啼，垢腻脚不袜。
床前两小女，补绽才过膝。
海图坼波涛，旧绣移曲折。
天吴及紫凤，颠倒在裋褐。
老夫情怀恶，呕泄卧数日。
那无囊中帛，救汝寒凛栗。
粉黛亦解包，衾裯稍罗列。
瘦妻面复光，痴女头自栉。
学母无不为，晓妆随手抹。

移时施朱铅，狼藉画眉阔。
生还对童稚，似欲忘饥渴。
问事竞挽须，谁能即嗔喝？
翻思在贼愁，甘受杂乱聒。
新归且慰意，生理焉得说！
至尊尚蒙尘，几日休练卒？
仰观天色改，坐觉妖氛豁。
阴风西北来，惨澹随回纥。
其王愿助顺，其俗善驰突。
送兵五千人，驱马一万匹。
此辈少为贵，四方服勇决。
所用皆鹰腾，破敌过箭疾。
圣心颇虚伫，时议气欲夺。
伊洛指掌收，西京不足拔。
官军请深入，蓄锐伺俱发。
此举开青徐，旋瞻略恒碣。
昊天积霜露，正气有肃杀。
祸转亡胡岁，势成擒胡月。
胡命其能久，皇纲未宜绝。
忆昨狼狈初，事与古先别。
奸臣竟菹醢，同恶随荡析。
不闻夏殷衰，中自诛褒妲。
周汉获再兴，宣光果明哲。

桓桓陈将军，仗钺奋忠烈。
微尔人尽非，于今国犹活。
凄凉大同殿，寂寞白兽闼。
都人望翠华，佳气向金阙。
园陵固有神，扫洒数不缺。
煌煌太宗业，树立甚宏达。

杜甫自始至终都对唐王室充满了感情，就连安史之乱他认为也与古代的战乱不一样。当年夏朝、商朝衰落，是因为褒姒、妲己祸国殃民，而唐朝廷虽狼狈逃亡，但君主贤明，能及时令“妖女”自缢，将奸臣处死，同党也被扫荡一清，唯有明君才能匡正国事。如周朝、汉朝得以复兴，证明了周宣王、光武帝实在是英明、伟大。而我们有更威武的陈玄礼将军挥动斧钺的忠诚刚烈之英气，使人民保有最后的尊严，国家虽然微弱但还能运转。想来现在大同殿凄凉，白虎殿寂寞。都城的人一定都翘首盼望着皇帝的翠羽旌旗，盼望着宫门内外都恢复祥和之气。而先帝的园陵本就有神灵护佑，并不缺乏平定动乱的命数，敌人的气数撑不了多久了，大唐帝业也远未到气绝的时候，毕竟，太宗皇帝所树立的基业那么宏伟辉煌，又怎会轻易断绝？

相比杜甫的其他诗作，这首《北征》更像是用诗歌体裁写的陈情表，是向肃宗皇帝汇报自己探亲路上及到家以后的所思所想的长篇叙事诗。它结构自然而精当，笔调朴实而深沉，反映了当时的政治形势和社会现实，表达了人民的情绪和愿望，充满忧国忧民的情思又怀抱国家中兴的希望。于是，我们听到一位忠心耿耿、忧国忧民的朝廷官员爱国的心声，一位艰难度日、爱怜家小的穷苦诗人忧生的感慨，一位坚持大义、顾全大局的志士仁人述怀的长歌。而通篇用赋的方法来写，所见所闻，一一道来，指事议论，即景抒情，充分发挥了赋的长处。其中的各种比兴方法，使叙事具有形象感，意味深长，不致枯燥；又使语言精练，结构紧密，避免行文拖沓。那突如其来的“猛虎”“苍崖”，显然含有感慨和寄托的意味。天色好转，妖气消散，豁然开朗，显然是指叛军在失败；而阴风飘来则暗示了诗人对回纥大军的态度。诸如此类，倘使都用直陈，势必繁复而无诗味，便当真成了章表。因而诗人采用以赋为主、有比有兴的方法，慷慨陈词，长歌浩叹，又谨严写实，指点有据，令全篇包括宏大的历史内容，也显示出诗人在诗歌艺术上的高度才能和浑熟技巧。

很快，两京收复，二帝还京。肃宗又重礼仪，祭祀、上尊号、封赏、大赦等活动，一切看起来仿佛确实是“中兴”的样子。

班师回朝

十一月时，杜甫随同肃宗从鄜州返至京师。这一路上，他左思右想，情绪复杂，难以言表。他需要重新回朝，实现自己的政治抱负。他多年来的投诗送赋，就是为了有朝一日踏入朝堂，如今已经进了朝堂，什么都还没有做就离开了，他心有不甘。所以他必须折返长安，只有在长安才有机会被重新起用。

肃宗乾元元年（758 年），杜甫已 46 岁。原本降唐的史思明再次背叛。这是大唐的又一场无妄之灾，因为这对于朝政以及民生来说，都是最大的祸害。

杜甫又重新获任左拾遗。当年春天，贾至、王维、岑参皆在御史台，几位好友与他吟诗作赋，过得还算顺心。四月时，玄宗亲享九庙，杜甫陪同祭祀。能参与这些活动，对于杜甫来说，总是让他心头一暖，重新燃起了希望。

杜甫经常到宣政殿上朝，虽然辛苦，但总是情绪高昂。有时看着大殿外云开日出，黄金匾额在阳光下金光闪闪，春殿前的赤羽旗也更鲜亮，茂密的宫草、飘拂的佩带，缕缕炉烟、氤氲的白云，也写出了好几首兴致颇高的诗。

有时他会兴奋地整晚睡不着觉，好几次询问时辰，怕耽误上朝。一首《春宿左省》生动地记下了他当值时的情绪——

花隐掖垣暮，啾啾栖鸟过。
星临万户动，月傍九霄多。
不寝听金钥，因风想玉珂。
明朝有封事，数问夜如何。

起首两句描绘景色，似信手拈来、即景而写，实则章法谨严——在傍晚越来越暗的光线中，花朵隐约可见，天空中投林栖息的鸟儿飞鸣而过……描写自然真切，历历如绘。写花、写鸟点“春”；“花隐”“栖鸟”是指傍晚，和“宿”相关联，独具匠心。

转写夜中之景时，前句说在夜空群星的照耀下，宫殿的千门万户也似乎在闪动；后句说宫殿高入云霄，靠近月亮，仿佛照到的月光也特别多。两句很精彩的警句，对仗工整妥帖，描绘生动传神，把星月映照下宫殿巍峨清丽的夜景活画出来了，并且寓含着帝居高远的颂圣味道，虚实结合，形神兼备，语意含蓄双关。其中“动”字和“多”字用得极好，被前人称为“句眼”，此联因之境界全出。这两句既写景又含情，在结构上是由写景到写情的过渡。

而夜中值宿时的心情则刻画细致，构思新巧——自己值夜时睡不着觉，仿佛听到了有人开宫门的锁钥声；风吹檐间铃铎，好像听到了百官骑马上朝的马铃响。虽是想象，却深切地表现了诗人勤于国事，唯恐次晨耽误上朝的心情。在写法上，此联本来是进一步贴诗题中的“宿”字，可是作者反用“不寝”两字描写他宿省时睡不着觉之时的心理活动，另辟蹊径，独出机杼，显得词意深蕴，笔法空灵。

最后两句交代“不寝”的原因，好几次询问到了什么时辰，更加重了诗人寝卧不安的程度。全诗至此而止，便有一种悠悠不尽的韵味，语句矫健有力，词意含蓄隽永，忠爱之情充溢于字里行间，也充分呈现出杜甫律诗结构严谨灵动，诗意明达蕴藉的特点。

收复长安城令肃宗无比欣喜，祭祀之余，天下大赦。而此前房琯无论如何也算立有大功，尤其是及时把握了政治大局，帮老皇帝李隆基做了一些适时的政治调整。何况，还有许多大臣为他美言。重新分配官职之时，也算论功行赏，给了房琯金紫光禄大夫一职，并兼任太子少师。

相比之下，房琯对肃宗却并不待见。他宁愿在自己的门庭与友人诗赋唱和，饮酒对谈。即使是做了皇太子的老师，也常常称病不上朝。肃宗终于忍无可忍，将他贬为邠州刺史。而杜甫、房琯、严武，可以说有着相同的政治立场。之前杜甫以为房琯做了宰相，将重用贾至、严武等人，但眼下显然房琯未得皇帝信任，同官也多遭迁谪。

“青蒲甘受戮”——杜甫早就意识到这场斗争的严酷，而他甘愿冒最大风险去参与。而此后一连串打击正如——“艰难归故里，去住损春心”，没有什么比忠贞于国家却被贬斥更悲哀的事。

这年六月，杜甫因为再次替房琯求情，被诬陷为房琯的同党，李辅国说：“杜甫向来喜爱替房琯美言，又和严武等人交往过密，理应视为同党。”

肃宗素来对房琯多有忌惮，一来，房琯是先皇所倚重的人；二来，肃宗李亨在各个方面体现出了更多的偏狭和自私。眼下肃宗最信任的是宦官李辅国，这又是一个内臣误国的故事。

经过洗掠的长安已不是当年的长安，很多马匹被征去做了战马。

前几日，在东郊城外，杜甫看到的那匹老态龙钟的瘦马，身体肮脏不堪，骨骼突兀，歪歪扭扭不成个样子。但仔细看这马身上，竟然还烙着官印。有人说，这是官军遗弃的马。

杜甫想到这里黯然神伤，他觉得自己也像这匹老马一般。但他仍日日赶着早朝，只希望能给大唐的天下多一点回暖的可能。不过，他的鬓发、胡须都已斑白，也像这匹老马一样，似已病入膏肓，大概谁都不会再去理会他了。

天地苍茫，只有远飞的大雁偶尔和它在一起，如同做伴一般。也许只有乌鸦会不时地落在它的背上……杜甫多希望有人能替这匹老马养老送终，让它安度晚年。

这距离杜甫年少时写下的“胡马大宛名，锋棱瘦骨成。竹批双耳峻，风入四蹄轻”的诗，过去了几十年。

然而，江山已然天翻地覆，杜甫也从原来的气宇轩昂变作了今天空有满腔热血却无处报国的弃臣。

远山氤氲，抬头望，蓝天白云间，晴空如碧，一只苍鹰在山峦峰顶不停地盘旋。这鹰也已不是那丝绸之上画出的鹰，画出的鹰固然神采奕奕，但也许并未见过天地间真正的残酷。而今，选择在残酷之中依然有所坚守的，也许比那画出的鹰更值得写下一首荡气回肠的诗。

此前，肃宗就已收回了配给杜甫的官马，对于杜甫，肃宗不想让他太过看重自己的身份。

杜甫素来爱饮酒，眼下也就只能整日在曲江边不醉不归。以致欠下了许多酒债，需要典当衣服去还账。

只是绝望之余，他仍难以忘记肃宗，肃宗对他还是不错的。

那一回陪肃宗祭祀，皇上赐给自己一件锦袍。这对“日典春衣买酒醉”的杜甫来说，简直是莫大的荣耀。

宫衣亦有名，端午被恩荣。
细葛含风软，香罗叠雪轻。
自天题处湿，当暑著来清。
意内称长短，终身荷圣情。

杜甫一路东行华州，望着冉冉升起的太阳，天空中盘旋的鹰，血液重新加速流动起来，白发也仿佛一根根直立起来，上冲儒冠。“人生许与分，只在顾盼间。”鸟类中尚且有义鹘，人类中不更应该有像义鹘那样见义勇为的义士吗！于是写下这首《义鹘行》——

阴崖有苍鹰，养子黑柏颠。
白蛇登其巢，吞噬恣朝餐。
雄飞远求食，雌者鸣辛酸。
力强不可制，黄口无半存。
其父从西归，翻身入长烟。
斯须领健鹘，痛愤寄所宣。
斗上捩孤影，噭哮来九天。
修鳞脱远枝，巨颡坼老拳。
高空得蹭蹬，短草辞蜿蜒。
折尾能一掉，饱肠皆已穿。
生虽灭众雏，死亦垂千年。
物情有报复，快意贵目前。
兹实鸷鸟最，急难心炯然。
功成失所往，用舍何其贤。
近经潏水湄，此事樵夫传。
飘萧觉素发，凛欲冲儒冠。
人生许与分，只在顾盼间。
聊为义鹘行，用激壮士肝。

历来文学作品叙鸟尤难，杜甫在叙事中大量运用拟人化的描写来表现美与丑的不同。刻画恶蛇得逞于一时的丑态时的“恣”字，描写健鹘替苍鹰报仇时的“斗上捩孤影，嗷哮来九天”，而“脱”“坼”“辞”“折”“穿”更是笔力非凡，干脆利落，字字珠玑，令读者如闻其声，如见其景，正是那肝胆相照、光明磊落的“炯然”之感，大快人心！

眼下是六月，而去年的四月，杜甫逃出长安奔至凤翔，却枉费自己一年零两个月的殚精竭虑，眼看着心惊胆战还并没有平息，此时又被贬官出了京师。

此道昔归顺，西郊胡正繁。
至今残破胆，应有未招魂。
近得归京邑，移官岂至尊。
无才日衰老，驻马望千门。

想当年由金光门这条路去投奔凤翔，长安西郊，到处是安史叛军正作乱，如今想起来，仍叫人心惊胆战，诚恐诚惶，神魂未招回。想来自己拜得左拾遗回到京畿地方，又贬为华州司功参军。庸才已逐日衰老鬓苍，告别长安，驻马回望千门宫殿檐房，感慨尤甚。

是啊，两次都是从长安西边的金光门出城，谁又能说，哪一次心情会更愉悦一些。唯一能确定的是，我泱泱中华又将多些千古名篇。

到了地方上做官，自然要懂地方上的规矩。

州官郭使君很高兴上面派了一个能写东西的老头儿来，他乐得逍遥。因此，从给考进士的考生出题，到批阅各种各样的公案文卷，统统交给了杜甫来做。

杜甫一边从赋税、交通、币制改革、驿马、供给等方面出着考进士的题目，一边暗暗失笑自己在考进士时屡屡受挫，今日却替这样的官员做着本不应该由自己做的事。那当年自己考试的题目又是谁来出的？

日复一日的辛苦，“秋老虎”的炎热，各种蚊虫的叮咬，不停压下来的各式公文任务，杜甫“束带发狂欲大叫，簿书何急来相仍”。

杜甫知道这里的官员为富不仁，仗势欺人，然而奉儒守官是父亲教育他要一辈子遵循的事，尽管也想着“稍待秋风凉冷后，高寻白帝问真源”，但不到万不得已，他又怎能辞官？

这一年的年末，杜甫因公差自华州去洛阳。杜甫一路东行与故人相会，与故交促膝谈心。所经之处，从华州潼关直到东都洛阳，是杜甫最熟的路——潼关正是天宝十五载六月哥舒翰大战安禄山时溃败的地方。而今日此地依然是一片凄凉。

这是战争给人、给家造成的灾难。

卫八处士是杜甫多年前的故交，只是曾经的少壮青年已不复现。如今两个白头翁能在灯下相聚，想当年两人都未娶亲，如今友人的几个儿女都长成了知书达理的小大人，见到杜甫，恭恭敬敬地作揖。杜甫感慨万千，毕竟自己一大半的故交已做了战乱之下的鬼。

一场夜雨，毕竟是春天了，万物有了起色，渐渐复苏，园中的韭菜也是鲜绿可爱。友人让自己的儿子去张罗。不久，依稀能闻得见翠竹中的黄米饭飘着香味儿。友人端着酒杯说着："咱们见面这么难，那么多喝一些吧。"

杜甫点头，他知道喝十壶酒两人也不会醉，毕竟还有那么多的话要说。

"明日隔山岳，世事两茫茫。"如果可以，就把后半辈子能说的话都说完吧，再见也许就是下辈子的事了……

第八章
人间悲歌

“三吏”“三别”

从杜甫获任官职到被逐，再到官复原职又被贬——越是理想单纯的人，仿佛越是被各式各样的野心家玩弄在股掌。随着大唐起伏不定的战争，发生在杜甫身上的大起大落对于一个人的心境来说，往往更是一种极大的摧残与打击。杜甫虽然愤懑，但也无济于事，去华州对他来说依然是要离开长安，流落他乡。

事情总不会更坏了，虽大唐仍在叛乱中，大唐的元气很难再复以往，但总归在慢慢恢复秩序。既然这个朝堂，没有谁认为自己是重要的，那么就安心去任职吧，他已竭尽所能。以前没有在京城为官，以为自己如果当官的话一定会比别人做得好，一定能见解独到、视野开阔、与众不同，一定会坚持底线。但事实上，在朝廷为官，远比想象的要难得多，不仅要有与众不同的才华，还要学会官场的游戏规则。做人做事做官，是一个相当复杂的融合体，既要坚持本心，又要在各种规则中学会自保，学会救人，这可能比写诗作赋更为复杂，更需要智慧。不过，这一切都成为往事了，他知道自己并非那块料，对做官第一次有了厌恶，也开始向往着缥缈九州之外的自由自在。

当年秋天，他到了蓝田县拜访崔兴宗、王维，跟友人讨论诗赋，这让他感到放松与平静。冬天去了东都的陆浑庄，在湖城县城东遇到孟云卿——“人生会合不可常，庭树鸡鸣泪如线”，在离开长安时曾为他送行。

杜甫与故友相聚、相谈，让他在这乱世寻找到依然有力量的情感，也能让他尽快平复心情。只是，这些人都要随他的离开而不再相见。这也是杜甫的悲伤，他又该踏上奔波的生活。

乾元二年（759 年），杜甫已 47 岁。此时，史思明称燕王，叛军的兵锋仍然搅动着大唐的安宁，但这些似乎已经与他突然变得遥远了。他作为微末小官，关系国家大政方针的事情，从来都没有与他产生过关联。但是从生活的角度出发，史思明的叛乱，极大地影响了他的生活，他的穷困潦倒不仅有自己的原因，也是社会动荡的大环境所致。

旧历年初，杜甫在东都洛阳羁留，而这一时段，应该说战争形势有所好转。眼看着安史之乱便可了结。然而杜甫的预感并不好——他对时事的观望和预判往往颇为准确。他认为应当由郭子仪指挥朔方军，以免军队无主，进而贻误战机。但转念一想，便自我安慰：史思明只有精兵五万，想要战胜六十万官军，实力相差太过悬殊。

然而事实证明，杜甫的担忧极有道理。“三年笛里关山月，万国兵前草木风。”这是杜甫《洗兵马》中的诗句，说战事已持续多年，百姓早已草木皆兵。很快，随着邺城之战，史思明的军队大胜。

此时，东都百姓因为邺城之战的失利而惊恐万分，纷纷出逃。所幸敌军的内斗加剧——史思明和安庆绪两军开始交战，不然洛阳将会落入贼寇之手。

在无限的悲凉和人心惶惶中，当年春天，杜甫离开洛阳西行返回华州。

归途中经过新安县石壕村和潼关，杜甫最著名的“三吏”“三别”就是对这三个地方的见闻朴实无华又悲凉至深的记叙。

邺城兵败，军中急需兵员补给。杜甫经过新安时，看见这里的祠堂前有许多瘦小的男孩排成队依次接受点名。

这些男孩不过十四五岁的样子，个儿也不高，孱弱苍白的样子。杜甫问新安县的官员："这是在做什么？"

官员无暇过多解释，只说着："东京京兆府下令要带这些小男孩儿去上战场。"

杜甫知道，邺城兵败，好多官军战死的战死，逃命的逃命，眼下新召集起来的人手又不够。一方面要扎营挖壕，一方面又要操练新兵，而这些小男孩被招入军中，将要干许多本来与他们的年龄不相称的重活。

一个年轻的母亲搂着她的孩子痛哭着。然而，能够有母亲相送的孩子已是幸运的了。

杜甫身旁一个十二三岁的孩子，孤身一人站在一旁，衣服破破烂烂。然而，杜甫能理解谁呢？一方面，国家确实需要新的兵员，一方面，又是这样凄凉的家破人亡，骨肉分离。

他只能安慰着那痛哭的母亲："郭子仪是个很好的将军，他会善待手下的士兵的。"

杜甫心情沉重，自新安向西行，到达陕县东的石壕村时，天色已暮，他想投住在一户人家。

他小心地敲着门，却听见门里一阵慌乱。他隐约听见一个老妇人在催她的丈夫赶紧越墙逃跑。

杜甫连忙高声解释自己并非是抓丁的官吏，而是一个普通的官人，想要在这里投宿。

老妇人更是惊恐万分，大声地喊："又是官人，我已经没有孩子可以送给你们了。"她的声音里带着哭腔。

"不，"杜甫说，"你们误会了，我只是想要投宿，有一碗水，一张床，度过一晚便可。"

老妇人将信将疑地打开了门，看见眼前一张须发皆白慈善的脸，才将杜甫让进了屋子。

杜甫忙作揖，低声问着："发生了什么事？大家为什么这么惊恐？"

老妇人用袖口抹了抹脸上的泪水，道："官人有所不知，我的三个孩子都送上了战场，就是这样被官吏们带走的。以前的邺城之战，两个孩子已经死了，另一个孩子曾写了信来，眼下又没了音讯。"

"眼下家中只有老人了吗？"杜甫问。

"没有什么人了，只有一个儿媳妇和我的小孙子。儿媳妇如今要照顾孩子，出门连个完整的衣服都没有。老头子实在不能去，年龄大了，此去必是有去无回，家里一亩多田又靠谁耕作？给孙子留条命，不如让我去给官兵们做饭吧！”老妇人边絮叨着边把杜甫带进屋，并铺好了床。

杜甫哀叹半晌，辗转反侧，夜不能寐。

半夜，他听见窸窸窣窣的声音。天亮后，只剩下一个老翁把他送到了门口。

从石壕村骑马西行过了陕县、湖州，穿过狭窄的山间小道，便到了潼关，进入了华州的地界。

潼关关卡附近聚集了很多人在修关城。

杜甫问官吏道：“这是在修什么？”

“为了防止史思明的贼兵来进攻，必须先筑好关。”

杜甫点点头：“若是城上堡垒把城墙区分成一格格战栅，飞鸟亦不能过。胡贼来犯必能守住，便不用担心长安了。”

那官吏指了指前方，说：“您看这个要害的地方，只能一辆车子通过，如此形势险要，利于防守，可谓‘一夫当关，万夫莫开’。”

杜甫摇摇头说：“当年哥舒翰在潼关之战中死伤极多，请一定要守好潼关，千万不能再像哥舒翰那样冒险进攻了。若不能好生防守，依然会有很多可怕的事发生啊。”

杜甫有许多矛盾，关于做官或是辞官。但眼

下，他最大的痛苦是看到百姓受煎熬，却不知怎么安慰他们。他见过很多的人间惨剧，只是像这样接连不断地发生，却几乎让他夜夜颤抖。他渴望着战争结束，百姓的生活安定……

前几日他看到了一对新婚夫妻。刚刚结婚的年轻人，暮婚晨走。天还未亮，丈夫就被征兵了。杜甫看见那年轻的妻子拉着丈夫的手，一直抹着眼泪。

杜甫哀叹，与其这样还不如不要嫁的好。然而女孩并没有这样想。她只是担心着丈夫可能一去不回，而自己刚新婚就要守寡。那神态依然稚嫩的丈夫，握着妻子的手，一再表示会保重好自己，又让妻子好生照料自己的父母，等自己回来。

然而妻子却面露难色。

丈夫心急地说道："我的父母，也是你的父母，请你们一定要多保重。"

女孩忙点头说："夫君，我不是这个意思，我是想，我们结婚才不过一日，连三天都不到……"

古时年轻人成家三天之后，拜谒过父母，行过祖宗之礼，才能算作正式过门。

他们成婚未过三天，于礼数，女孩很是为难。但她依然说："夫君放心。"

女孩暗暗伤心，她攒了很多年的嫁妆，终于

嫁给了自己的丈夫，可一场战争，让所有关于幸福的期待突然化为泡影。

然而官吏们并不同情，推搡着女孩的丈夫要他快走。杜甫忙安慰她："其实，你丈夫要从军的地方并不远，也许有时间还能回来看看你呢!"

女孩一边哭着点头，一边恋恋不舍地松开了手，大声喊着："夫君，你一定要回来，我一定会等你的，我会照顾好咱爸咱妈，请你一定放心，一定要回来啊!"

渐渐地，声音变得声嘶力竭。杜甫不忍再听下去，转身慢吞吞地走了。

然而这疆土有着数不尽的悲剧。

在行军的队伍里，杜甫看到了一个老人，他的腿明显不好了，走路一瘸一拐，然而他并没有拄拐杖。

杜甫问老人："难道你也是去从军吗?"

老人点点头说："是的，我还刚扔了拐杖呢，不然让别人看见多晦气。再说我其实并不老呢，不到六十岁……"

杜甫的心一颤，忙道："您已经如此高龄，为什么还要去战场?"

老人说："我正好不想活了，我的家人都战死了，儿子孙子都在战场中没了命，只有我一个人活着还有什么意思啊！何况他们也算是为了国家献了自己的生命，而我，难道竟还不如我的孩子们吗？家里也没什么粮食了，留着给老太婆吃吧。”

说着，他笑了笑：“老太婆还哭着絮叨让我多穿点衣服，一定要多穿点别冷着啊，哪有什么衣服穿啊……”

杜甫无法明确去说朝廷的不是，毕竟他知道邺城之败也算是天不助大唐——突然沙尘扬起遮天蔽日，我方溃败。许多士兵借着机会逃回了自己的故土，其中就有一个是杜甫的同乡。他回了老家，本来想着能安安稳稳地做一个靠天吃饭的人，然而，却很快又被州役征兵。

他有一句没一句地对杜甫诉说着：“本来一路逃回去，碰到一只面目狰狞的狐狸对我龇牙咧嘴地吼叫，已觉得不吉利……好不容易到家，努力安神半日，想用水浇浇田，起码要奔着活下去开始过日子，就又被抓走了，说正好军队里还缺一个敲战鼓的人……本来走之前还四处看看迷迷瞪瞪，想着是不是该带点什么，然而四壁徒然，没有什么可带的。家里的母亲已去世了五年，想来自己自从出生，就没来得及孝敬母亲一天，自己当兵这些年，母亲一直在等我，大家都逃走了她也不走，说想要给我留个家。然而我好不容易逃回来，却发现母亲不在了，也不知谁替她收的尸……”

战乱频仍、社会不安、民不聊生、百姓困苦，杜甫在诗里诉说着生命的无可把握、无所适从。而当他从诗里抬起头看向大唐，面对百姓，他将何去何从？那一幅幅令他难忘的画面，拼命地揪着他的心。尤其是当他亲眼看着官吏将年轻壮丁征走之后，又将老弱抓上战场，不管百姓死活，不管黎民疾苦。留在家中的要么是老妇，要么是幼小，如此，社会该如何稳定，百姓该如何生存？杜甫看到百姓不仅要服兵役，还有沉重的徭役，今天被征修城，明天又被拉去当壮丁，没有一户人家是完整的，家破人亡、妻离子散让很多村民集体逃荒以求一口饱饭。可是在那个时候，一顿饱饭已经变成了奢侈品。

杜甫一路看着这求生不得、求死不能的人们，将他们的辛酸刻画在诗词里，真正的史书又何能及其万一。杜甫把自己放在最普通的百姓中间，替他们发出了悲鸣，以至于我们今日还能体会到战争给人民造成的伤害，而对一个善良的人来说，写这些诗何尝不是在用刀割自己的心。

白水暮东流，青山犹哭声。
“莫自使眼枯，收汝泪纵横。”(《新安吏》)
“三男邺城戍。
一男附书至，二男新战死。
存者且偷生，死者长已矣！”(《石壕吏》)
“哀哉桃林战，百万化为鱼。
请嘱防关将，慎勿学哥舒！”(《潼关吏》)
父母养我时，日夜令我藏。
生女有所归，鸡狗亦得将。
君今往死地，沉痛迫中肠。
誓欲随君去，形势反苍黄。(《新婚别》)
永痛长病母，五年委沟溪。
生我不得力，终身两酸嘶。
人生无家别，何以为蒸黎！(《无家别》)
四郊未宁静，垂老不得安。
子孙阵亡尽，焉用身独完！
投杖出门去，同行为辛酸。
幸有牙齿存，所悲骨髓干。(《垂老别》)

人间惨剧，本不应该如此赤裸裸地呈现在诗里吧，然而，那压抑在心头的悲切，又该用怎样的形式去承载，官兵凶神恶煞也是因为无奈吗？一个把所有儿子都送上战场的可怜人，生死的观念还重要吗?

然而，一个国家这样对待自己的人民，皇帝如若不能埋怨，那又该埋怨谁?杜甫颤抖着写下这一切，凄惨的程度或对错都未加评判，也许有些人会被感染吧，也许挑起战争的人也会后悔吧……但杜甫看到的更多的是，许多村子，每家每户都像是被洗劫过一样。然而，就是在这样的地方，依然有一些普通的百姓请缨作战，想要快点平息战争。

杜甫的诗以心理刻画见长。“三别”中主人公的自诉自叹，“三吏”中的对话和人物的矛盾，泪水汇聚成的悲痛等，每一首都在严谨整饬之中跌宕起伏、哀情婉转。杜甫高于一般诗人之处，正在于他无论叙事抒情，都能做到立足生活，直入人心，剖精析微，探骊得珠，准确而又充满悲悯，用巨大的艺术张力表现生活的残酷真实以及那些劳苦人民包括诗人自己的无穷辛酸和灾难。他的诗，以“诗史”著称绝非偶然。

此时的杜甫抱着微渺的期待——那些湮没在历史中的贫贱的人，他要替他们说说话。虽然他也只能是替他们说说话。他还得回华州去做一个任人摆布的小官。

“国破山河在”

安禄山在政治内斗中被自己的亲生儿子所杀，然而山河依旧，国家残破，纵然春色，依然一片萧条，杜甫百感交集，写下了那首千古之作——

春　望

国破山河在，城春草木深。
感时花溅泪，恨别鸟惊心。
烽火连三月，家书抵万金。
白头搔更短，浑欲不胜簪。

山河依旧，可国已经沦陷，城池在战火中残破不堪，乱草丛生，林木荒芜，然而记忆中的长安春天是何等的繁华——烟柳明媚，鸟语花香。诗中“破”字怵目惊心，“深”字满目凄然。“国破”和“城春”截然相反的意象令人悲从中来，而“草木深”的荒芜破败，又是多么强烈的黍离之悲。花无情而有泪，鸟无恨而惊心，花鸟也是因人而具有了幽怨之情。“感时”“恨别”都浓聚伤怀——战败的时局，看到花开而泪落潸然，听到鸟鸣而心惊胆战。本是乐景，却写哀情，移情于物，越是美好的景象，越会增添内心的伤痛。

烽火连月，官军暂时还没有取得有利形势，

至今还未能收复西京，战争亦不知道要持续多久。自己流落被俘，被扣留在敌军营中，好久没有妻子儿女的音信，他们生死未卜，也不知道怎么样了，要能得到封家信多好啊。“家书抵万金”，也是所有百姓的悲鸣。国愁家忧齐上心头，内忧外患纠缠难解。眼前一片凄惨景象，自己内心焦虑至极，意志踌躇，青丝变成白发。而身陷长安数月，奔波流浪，头发更为稀疏，发簪也插不住了，“搔”欲解愁而愁更愁。

《春望》全篇结构紧凑，围绕“望”字展开，由登高远望到焦点式的透视，由远及近，感情由弱到强，在这感情和景色的交叉转换中含蓄地传达出诗人的感叹和忧愤。情景交融，感情深沉而又含蓄凝练，是“沉郁顿挫”的大成之作。

十二月，肃宗接太上皇李隆基回到长安，又命宰相督率各路官军收复河南等大部分沦陷的地区。

杜甫在羌村听到这个消息，觉得自己的病好了大半，喜悦之情诉诸笔端，他在《喜闻官军已临贼境二十韵》诗中写道：“喜觉都城动，悲怜子女号。家家卖钗钏，只待献春醪。”消灭贼人的喜讯传来，老百姓高兴不已，家家户户都卖掉首饰，只想等待军队回来用最好的酒犒劳他们。那渴望战乱平息，重建和平生活的心情令人动容。

但很快，杜甫耗尽了肃宗的最后一丝耐心。这一次，他并不是替房琯说话，而是替郑虔说话了。

郑虔被贬为台州司户，杜甫认为这样不公平，他最清楚郑虔在伪朝并没有任职务，可以说他是拼死装病才做到对大唐忠心不二的，然而肃宗对没有逃出来的官员都持怀疑的态度——他认为郑虔有罪，因为他没有奋起抵抗。

在杜甫还想说什么的时候，肃宗非常愤怒地将他赶出朝堂。

杜甫离京赴任了，惆怅担忧，心里满是郑虔，想起往日二人感情深厚，相遇相识彼此做伴，而今老朋友可能后会无期了，他的《送郑十八虔贬台州司户伤其临老陷贼之故阙为面别情见于诗》正是“一片血泪，更不辨是诗是情”。

郑公樗散鬓成丝，酒后常称老画师。
万里伤心严谴日，百年垂死中兴时。
苍惶已就长途往，邂逅无端出饯迟。
便与先生应永诀，九重泉路尽交期。

没来得及送行，郑虔已经仓促地踏上了漫长或许是永诀的道路。“郑公樗散”中“樗”和

“散”，均见于《庄子·逍遥游》，指大而无用的树，郑虔不过是“樗栎”那样的“无用之才”罢了，既无非分之想，又无“罪”行，何况他已经“鬓成丝”，又能有何作为呢！一个在酒后都没有什么越礼的言论，不过常常以“老画师”自居的“鬓成丝”又“垂死”的老头子，竟然把他贬到“万里”之外的台州去，那么遥远、荒凉之地，不是明明要他早一点死吗？如果不明不白地死在乱世也没什么好说，可是两京都已经收复了，大唐总算“中兴”了，该过太平日子了，却在这时受到了“严谴”，又叫人如何承受？不可能活着回来的老朋友啊，即使此生不能见面，九泉之下也还是要成为朋友才行！

杜甫是忠于唐王朝的，但他并没有违心地为唐王朝冤屈好人的做法去唱和，而是毫不掩饰地为受害者鸣不平。有这样的人格，也才会有“从肺腑流出”“真意弥满”“情见于诗”的感人力量。

再后来听到关于郑虔的消息，已是他在山涧旁耕田，或者海角卧病，正如同一把宝剑，永远埋入了尘土，失去光泽，也没有挖出的希望……

而对史思明图谋的判断，肃宗又犯了大错。史思明在范阳拥兵十多万，此时上表投降，肃宗非常高兴，认为自己的战功显赫，声威无比强大，叛军都吓得不战而降。为了收买人心，他将史思明封为归义王，然而很多人都看出了史思明的图谋，他不过是在等待机会，伺机作乱。

然而，肃宗的自傲和虚荣，只有李辅国看得出来，但李辅国根本不在乎这个国家的未来，只想着如何讨皇帝欢心，如何把持朝政。因此，他顺着肃宗的意思，说“官员们不识时务”，趁机将与自己不对路的人排挤出宫廷。

九月，肃宗派郭子仪、李光弼讨伐安庆绪，安庆绪请求史思明援助，并提出战胜之后，头功给史思明。于是，两股叛军合流，唐军无力抵抗。而肃宗时刻担心将帅位高权重，便没有设置元帅，各节度使并没有统一调度，因此，邺城一战，唐军惨败。随后史思明杀了安庆绪，自封为大燕皇帝。

杜甫内心叹着，城堡修得再坚固，地势即便再险要，然而没有合适的人去把守也一样会打败仗，一定要有智有谋的将才才行啊！

此次在巩县瑶湾，故园已物是人非，所有的人都仓皇而逃，自己的弟弟们为了躲避战乱，也各奔东西。

眼下只有弟弟杜占在，他和杜甫一起来到了华州。

然而，华州的情形依然没有改善——百姓收成糟糕，连接的阴雨。郭刺史并无半点采纳他建议的意思，每每对他冷嘲热讽。杜甫委曲求全，强忍怒火，他所提出的很多建言，都不了了之。

杜甫想写奏折上呈给肃宗，辗转托付他人，却因为别人各式各样的私心而没能传递。

郁郁不快的杜甫独自来到郊外攀登华山，华山之险天下闻名，杜甫也已不是当年攀登泰山时踌躇满志的年轻人了。那时他裘马轻狂，对未来多么有信心！而今他腿脚都已不好，只能一步一步慢慢地走，慢慢地登。

事实上，这么多年的坎坷也让他的心蹉跎灰暗，多病之躯让他的面容无比沧桑，“致君尧舜上，再使风俗淳”——他知道，如今这个小官吏再做下去也无半点意义……何况他还有最亲爱的家人，他们依然在长安困守。

他在《登高》一诗里说：

风急天高猿啸哀，渚清沙白鸟飞回。
无边落木萧萧下，不尽长江滚滚来。
万里悲秋常作客，百年多病独登台。
艰难苦恨繁霜鬓，潦倒新停浊酒杯。

诗作前四句写登高见闻。以“风急”二字带

动全联，一开头就写成了千古流传的佳句。夔州向来以猿多著称，峡口更以风大闻名。秋日天高气爽，这里却猎猎多风，高猿长啸。目之所及，由高处转向江水洲渚，水清沙白的背景上，鸟群迎风飞翔、不住回旋。其中“天”“风”，“沙”“渚”，“猿啸”“鸟飞”，天造地设，自然成对。除却上下两句对，还有句中自对，“天”对“风”，“高”对“急”；下句“沙”对“渚”，“白”对“清”，十四个字，字字精当，无一虚设。而仰望茫无边际、萧萧而下的木叶，俯视奔流不息、滚滚而来的江水，写景抒情，使人仿佛听闻落木萧萧，目观长江汹涌，而觉韶光易逝，壮志难酬。对句沉郁悲凉，出神入化，正是前人所誉“古今独步”的“句中化境”。

秋景之后，直到颈联，才点出“秋”字。“独登台”呈现视角，“常作客”指出漂泊无定的生涯，“百年”专指暮年，“悲秋”两字是诗人目睹苍凉恢廓的秋景，想到自己沦落他乡、年老多病的处境，故生悲凉。“万里”“百年”和此前的“无边”“不尽”，还有相互呼应的作用，羁旅愁苦与孤独，也如落叶、江水般推排不尽，驱赶不绝，而离乡万里、人在暮年的感叹，让诗意更显深沉。

正是这艰难潦倒，仕途无用，让杜甫想着自己该回去和家人在一起，哪怕隐居做个普通的农人也好啊！至于肃宗，杜甫其实已心灰意冷。李林甫已死，杨国忠被杀，而现在是李辅国专权当道，为什么总有这样的奸臣能够被皇帝宠信？也许正是因为他永远变不成这样的人，而他也就没必要再待在朝廷了。

终于在这一天，他明白了李白当年被赐金还山，离开皇宫时的心情。即便自己并不会出家为道，可他却无比清楚，有些事并不是自己用一支笔而能改变的。

第二年春，华州州情很不好，风沙不断，天气干旱不下雨，小麦几乎绝产。

杜甫担心那些在恶劣环境中煎熬的士兵、没有粮食吃的老百姓。望着这些依然想办法欺下瞒上、不作为的官员，他几近绝望——“罢官亦由人，何事拘形役。”何必拘于他人或形势？他对自己说。乾元二年七月，杜甫弃官而去，回到长安。然而长安不易留，史思明很有可能卷土重来，到时候西京若再陷落，想逃出去便不容易了。

杜甫带着妻子儿女第三次从金光门向西出发，这一次，他们去往秦州。据说秦州近年雨水充足，庄稼长势良好。

泪洒秦州

秦州风土与中原不同，山南有水有树，山北则接近戈壁，能看到一片片的战场，而这里的百姓也饱受战争之苦。

到了秦州，杜甫始终在为寻得一个好去处建造房屋而奔走着。

然而，秦州是什么样的地方呢？秦州是官商往来的重大驿站。这里来往的人很多，市场上有很多西域来的商客，他们很喜欢夸耀自己骑马的技术，或是支下帐篷和本地的人家居住在一起。

杜甫终于明白为何大唐在作战中容易被吐蕃击败，如此杂居，“降虏兼千帐，居人有万家。马骄珠汗落，胡舞白蹄斜”——来往密切，利益牵扯也多，战争中对方当然容易得手。

唐代的佛家寺院与皇室的关系相当密切，赞上人与杜甫、房琯等交往密切，而房琯和杜甫遭遇贬谪，赞上人自然也不能在大云寺久留。

赞上人此番孤身至秦州，也是希望寻得一个能够栖身的去处。他乡遇故知是二人此时最大的惊喜。

“相逢成夜宿，陇月向人圆”，相逢后，杜甫留在赞上人这里。

一天，两人一起巡检草堂的驻地，从出城，见小山，拨开丛间的荆棘，看到登山的小路，一些古老的藤蔓纠结在眼前。杜甫觉得这赞上人就像是南朝僧侣惠休那样的人，心静素雅，也只有他真正能体会隐居的乐趣。而杜甫，多数时间纠结于内心的不平，有时牙痛，有时风湿严重几乎动弹不得。

眼下，禅意相随，杜甫也觉得安宁了许多。只是经历了乱世蹉跎，两个人就算无病无灾，也都得拄着手杖了。

在幽静的山中，赞上人看到一处不错的地方，他指着那里靠近北面的山冈："看样子那里每日都有阳光普照，若是买一小块地，在那里建一间屋子很不错呢。"

杜甫点点头，但很快他又想起了什么，说道："对了，听说村西边有个山谷，长着漆树和杉树，中午很暖和，而且山中的田亩、土地也不错。我想着以后说不定就和妻儿在那里靠采药终老。"

"不如择日一去?"

"好啊，这几日常有阴雨，等过几天若是雨停了，而我的牙也不痛了，或许可以在那儿建个屋子。到时候请客，你一定要过来啊，也许我们可以相伴，就这样老去算了。"

趁着暮色归来，草叶间沾满了露水，重峦叠嶂、落日余晖中，倦鸟已归巢。新月出现，山野幽静，远山深处隐约有白色的月光缓缓流动。快到住处了，松树的树影在门口依稀可辨。杜甫觉得天总是黑得很快，也许正是因为常来登山而觉得白日很短吧。

而落幕之后，有朋友和自己一起聊天，将薪柴点燃，趁着夜色从井中打一些水，温热的茶水有着氤氲的雾气。杜甫觉得长安的旧友心胸宽广实在令人钦佩，自己和他在一起，就好像东晋的名士许询和高僧支遁在一起——支遁早悟无常，专研《道行般若》，每与当世名流畅谈《庄子》，才思惊艳——“何知戎马间，复接尘事屏。幽寻岂一路，远色有诸岭。”杜甫在这绝望的戎马之境中，第一次体会到风流脱俗、放达尘世之外的乐趣。

他看到富贵人家送葬前后的风光，披麻戴孝者众多，他想着每个人都有一死，无论富裕还是贫困，不过就是埋入黄土，葬入山冈，富贵其实就是浮云。他写下“送者各有死，不须羡其强”。

他还爬上德阳县北的鹿头山，望着原野和终于不再蜿蜒的峭壁和消失的险阻，想着司马相如和扬雄。他写着“始知五岳外，别有他山尊”

“终身历艰险，恐惧从此数”。

他说陶潜是一个躲避世俗的闲人，然而也许陶潜并非真正领悟了人生的意义，因为，在陶潜的诗集中，他看到的陶潜其实是“虽留身后名，一生亦枯槁”——陶潜一生也一直在困厄窘境中。所以其实无论在何处，都不可能达到所谓的圆满的境界，隐居也是如此。隐居有隐居的苦楚，比如陶潜的几个孩子不喜欢读书，做父亲的耿耿于怀——“虽有五男儿，总不好纸笔。阿舒已二八，懒惰故无匹。阿宣行志学，而不爱文术。雍端年十三，不识六与七。通子垂九龄，但觅梨与栗。”做父亲的说着通脱，却未能免俗，不然孩子是否孝顺，是否有出息，何必提不起放不下？陶潜多多少少还是有着士大夫的情怀，而贺知章、孟浩然等几个故交，谁又能免于此？自己的父亲于去世前不也是依然心心念念，情怀未改吗？

此时的杜甫甚至觉得，无论仕途或是隐居，二者并没有明确的区分，他期待的是老百姓能够真正过上好日子。他也在这时超越了士大夫应当奉儒守官还是寻道出世间的痛苦。他有时几乎要忘记自己的际遇，却没有一个时刻不在期待着一个温饱平和的世界。

边城的秋色渐浓，连日阴雨，雨水顺着屋檐

不停地往下滴，而门窗上的布幔都已湿透。低沉的阴云从山坡上蔓延过来，又从墙边越过。家养的鱼鹰盯着浅井中的水，而多雨时泥鳅总是非常兴奋，在泥水里钻来钻去，或是直接爬进屋里。地面泥泞，马车稀少，只有蒿草疯长。无雨时也确是好的吧，“烟火军中幕，牛羊岭上村。所居秋草静，正闭小蓬门”。杜甫的胃不好，有黄米，或是韭菜便很知足了。若一直如此，也许可以衣食无忧，也能有不错的日子。然而相对平顺的日子里，他的心情依旧复杂，而李白的消息则让他的心潮再次翻涌。

秦州之地毕竟陌生，朋友也不多，而且这是他第一次辞官归隐，杜甫抱着自此与庙堂不相往来的心。但越是这样想，越是思念曾经一起闯荡江湖的朋友。他总是接二连三地做梦，梦到过去的故交，尤其是李白。因为在永王叛朝兵败的事件中，他听说李白被发配至夜郎。而夜郎是江南瘴疠之地，很难知道李白的情况，想来凶多吉少。

他到底无法六根清净，他已接连三天梦到李白了。梦见李白死去，他哭着醒来，醒来后辗转反侧，写下《梦李白二首》和《天末怀李白》。“冠盖满京华，斯人独憔悴！孰云网恢恢？将老身反累！千秋万岁名，寂寞身后事。”

幸好，很快就听说皇帝大赦天下，李白免罪放还，杜甫才松了一口气，提笔写下千古名诗《寄李十二白二十韵》，替他辩解，又替他祈福：

昔年有狂客，号尔谪仙人。
笔落惊风雨，诗成泣鬼神。
声名从此大，汩没一朝伸。
文彩承殊渥，流传必绝伦。
龙舟移棹晚，兽锦夺袍新。
白日来深殿，青云满后尘。
乞归优诏许，遇我宿心亲。
未负幽栖志，兼全宠辱身。
剧谈怜野逸，嗜酒见天真。
醉舞梁园夜，行歌泗水春。
才高心不展，道屈善无邻。
处士祢衡俊，诸生原宪贫。
稻粱求未足，薏苡谤何频。
五岭炎蒸地，三危放逐臣。
几年遭鹏鸟，独泣向麒麟。
苏武先还汉，黄公岂事秦。
楚筵辞醴日，梁狱上书辰。
已用当时法，谁将此义陈。
老吟秋月下，病起暮江滨。

莫怪恩波隔，乘槎与问津。

李白那些令风雨惊动，令鬼神哭泣的句子，杜甫几乎都记得，但他更记得当年李白身边那么多追慕者，他得到皇帝认可却宠辱不惊，那么多人诽谤他仍一笑了之，像个真正的神仙，没有辜负隐居之志。而他不会嫌弃自己当时只是个山野来的人，他们一起喝酒，一起唱歌，过着现在想来最快活开心的日子。那些住在梁园的日子，李白一高兴就在桌子上跳起舞来，在无与伦比的春色里飞扬着他无与伦比的才华……然而时运不济，理想落空，现在已没有人愿意和他亲近，而杜甫想到此就觉得像看到麒麟被杀一样难过……

他还想念自己的弟弟。弟弟在齐地，遥遥数千里，中间还相隔战场，也不知道弟弟会怎样，于是那首《月夜忆舍弟》成为千古绝唱：

戍鼓断人行，秋边一雁声。
露从今夜白，月是故乡明。
有弟皆分散，无家问死生。
寄书长不达，况乃未休兵。

戍楼上的鼓声隔断了人们的来往，秋天的边塞一只孤雁在鸣叫。从今夜就进入了白露节气，月亮应该还是故乡的最明亮。有兄弟却都分散了，家也已不存。寄的家书常常不能送到，战乱频繁没有停止。

一波接一波的情绪纷纷而至，秦州的生活也很困窘。战事未平，杜甫记挂家人，更放不下对朝廷关切的心，还是从朋友那里，时时关注着朝廷的事。

杜甫，自始至终都没有一颗能长久遁世的心啊。而他那首写给一个幽居在空谷中的女子的诗，得失何尝不也是在说自己：

绝代有佳人，幽居在空谷。
自云良家子，零落依草木。

何况他在秦州住了四个月，本来以为这里物产会稍微好一些，粮价也会稍微便宜一点，可事实证明杜甫还是乐观了。天转凉，一家人在这里忍饥挨饿，困窘并不亚于此前。在不安中，一家人决定从秦州到同谷——同谷县令写信给杜甫，说同谷县年景还好，可以居住。

眼下填饱肚子是最重要的，杜甫带着家小毫不犹豫地去了那里。他嘲笑自己像是一事无成只会投机的样子：

我衰更懒拙，生事不自谋。

无食问乐土，无衣思南州。

去往同谷的路途难走，一路上车马劳顿不说，时间上也得好些天。天没亮的时候，杜甫就租车上路。行程单调，有时他便在车上写诗。艰难前行中，太阳已从边城的前边落到了后边，而归鸦也早已落满了城头。

休息很短的时间，半夜又启程，驱车而行。天渐寒，水冰冷，草木也难生存，一路所遇饮水的马，四肢都有些孱弱。

新月高高地挂在空中，显得凄凉。而天空中苍茫云雾，虚幻地漂浮，一切似乎很广阔，然而一切似乎又悠然而漫长。

“水寒长冰横，我马骨正折。”路程还未完，那匹老马就因体力不支病倒了，很快就死去了。

杜甫很是伤心无措，孩子们都已饿了，他很怕大家就这么死在路上。正是在这凄凉之中，路过一个叫石龛的地方，竟听到许多野兽的叫声。路的东边有熊在吼叫，而西边是虎豹的声音，枭鸟的啼叫声则如同鬼魅，还有金丝猴悲凉的哀鸣和乌云的遮天蔽日……山园、路径，都看不清楚。然而在这野兽出没的地方，依稀在竹林中看到很多被砍的竹子——原来这里的老百姓为了战事所需正砍伐细竹做箭杆，战争不息，就得不停地做。

在这人迹罕至、野兽出没的深山老林，也有了人烟。杜甫一边觉得幸运，一边替这些为生活所迫的百姓悲哀。

本以为到达同谷一切都会好起来，却不料灾年之下，同谷县几乎没有人有粮食吃。

杜甫只好领着家人上山寻找栗子，处境越发不堪。

其实杜甫来同谷是很不明智的，同谷属于秦州都督府所管辖的成州，环境不可能比秦州好多少，而两州相邻的道路也十分艰险。

家徒四壁，孩子们又冷又饿，连哭的力气都没有了，日子撑一天算一天。杜甫越来越悲观，他时常想念起自己几个瘦弱的弟弟，在战争中不知会有怎样的际遇……杜甫睡不着，夜晚鬼哭狐舞，风声鹤唳，境遇不济，失魂落魄。杜甫对自己很失望——史思明的军队还在向西扩进，自己努力想着如何独善其身，“木叶黄落龙正蛰，蝮蛇东来水上游。我行怪此安敢出，拔剑欲斩且复休”。然而我是谁？怎敢去拔剑斩蛇？——一个如此孱弱无力的人，还是算了吧。

所谓男儿生未成名，却已步入老年就是如此

啊！杜甫写下了几首诗，悲从中来。贫穷和饥饿以及对自己的绝望像影子一样缠绕着他。终于，日子实在过不下去了，眼看着再也撑不下去，孩子妻子说不定都得饿死。整个关中地区的老百姓家无存粮，人人饥馑，杜甫又如何能免于此等灾难呢？去哪里能逃离战祸、饥饿呢……

去成都吧？去成都！

十二月一日，杜甫在凛冽的腊月中迎着寒风，告别善良的父老，向南进发。

入蜀之路极其艰辛，过了飞仙阁，进入土门，山路十分狭窄。看到高险的山势，云在其中纵横穿过，虽然天梯修得十分牢固，但千沟万壑间丛林密布，树影相随，河流奔流汹涌，连太阳都仿佛冷冷的。

杜甫望着杨婉和孩子们瘦弱的身躯，因寒冷和饥饿而凄惶的脸，觉得自己真是没有用，他仿佛自言自语，又仿佛在对杨婉说："为什么你们要随我四处漂泊呢？唉，真是拖累了你们，让你们随着我离家越来越远，你们也一定想家了吧。"

杨婉望着他，轻轻摇了摇头，说："你在才是家呀！"

杜甫苦笑了："我想把你们一起带回家。"

眼下，入蜀是唯一的路，到了成都可以开始

新的生活了。然而，路途遥远，他们自十二月一日自同谷出发到成都，一路上舟车劳顿，过剑阁栈道，穿嘉陵江和涪江，一家人直到岁暮一个黄昏才终于到达了成都，慢慢安顿了下来。

第九章
巴蜀岁月

成都草堂

唐代的成都是繁华的城市，尽管山路艰险，但国内国外的商人们络绎不绝。安史之乱，给中原的人民带来了巨大的灾难，但这里因为路途的封闭，反而暂时保持了一定的安稳。因此唐玄宗曾一度率领官员在这里避难，而百姓逃亡到这里的更是数不胜数。

成都城里很是华美，冬季也树木苍绿，故交亦有，一家人总算吃了几顿饱饭。固然此地景色宜人，适合居住，但杜甫回望着中原，漫天的繁星在闪烁，星斗之下却都是逃难的旅人，奔波了许久的杜甫并不乐观。

杜甫一家人刚到，便收到了高适的来信，此时高适在成都任彭州刺史。幸亏在成都还有这些好友关怀，让杜甫感觉到人虽在异地，却不再孤苦难熬。

乾元二年冬天，杜甫一家住在郊外的浣花溪畔，后来，在朋友的资助下建起了草堂。

一次，高适前来拜访，看着这片地觉得四周的环境还不错，就是屋子太简陋了。当然，居无定所只是权宜之计，高适催促着杜甫建一所能安居的房子。

他拉着杜甫，指着不远处浣花溪边的一块空地，说："那儿有一处水塘，不错，我还有些俸禄，建所房子应该是够了。"

杜甫先推辞半晌，又想起他的表弟在此处，经济条件不错，也愿意伸出援手，他也想让家小有好一点的环境，便也答应下来了。

建好了房子，正值春日，杜甫要来树苗，桃树、松树，还有李子树、黄梅树等，也都弄来几株栽栽。兴致勃勃地把它们栽种在院子里，没过多久就成活了。

朋友们送来各种家用，大邑县的瓷碗，那碗烧得晶莹剔透，杨婉很高兴，面容舒展了一些。

杜甫终于可以安心研读史书，琢磨诗论，不用颠沛流离了。

成都草堂给了他一份安逸，也多了许多的情

致，他写出来一些有着奇妙轻灵感觉的小诗，比如，“圆荷浮小叶，细麦落轻花”。

他和杨婉种的菜也长势喜人，“自锄稀菜甲，小摘为情亲”。

客人来了，杜甫便拉着他们去看自己种下的草药，“不嫌野外无供给，乘兴还来看药栏”。杜甫感慨万千，觉得也许生活就这样也不错啦，便有了“但有故人供禄米，微躯此外更何求？”的诗句。杨婉又有了在纸上画棋局的情致，几个孩子兴奋地拉着杜甫去溪边钓鱼。

这个夜晚，春雨延绵，杜甫推门而出，伫立远眺。平日里泾渭分明的田野小径融入夜色，绵密的雨中，唯有江边渔船上的一点渔火放射出一线光芒，红艳夺目。等天亮的时候，那潮湿的泥土上必定布满了红色的花瓣，锦官城的大街小巷也一定是万紫千红的景象。杜甫深深呼吸着这雨中的空气，轻轻念着自己的诗。有些诗，无须苦吟，比如《春夜喜雨》：

好雨知时节，当春乃发生。
随风潜入夜，润物细无声。
野径云俱黑，江船火独明。
晓看红湿处，花重锦官城。

而白日里的杜甫，也终于有时间梳理自己关于诗的见解。他的《戏为六绝句》，以六首七言绝句，每首单独成诗，表现不同的主题，囊括对诗人的评价，对诗的宗旨的认识，精神前后贯通，互相联系，又不可分割，是杜甫写了大半辈子诗以后的总结，也涉及唐诗发展中的许多理论问题。

庾信文章老更成，凌云健笔意纵横。
今人嗤点流传赋，不觉前贤畏后生。

王杨卢骆当时体，轻薄为文哂未休。
尔曹身与名俱灭，不废江河万古流。

纵使"卢王操翰墨，劣于汉魏近风骚"；
龙文虎脊皆君驭，历块过都见尔曹。

才力应难跨数公，凡今谁是出群雄。
或看翡翠兰苕上，未掣鲸鱼碧海中。

不薄今人爱古人，清词丽句必为邻。
窃攀屈宋宜方驾，恐与齐梁作后尘。

未及前贤更勿疑，递相祖述复先谁？
别裁伪体亲风雅，转益多师是汝师。

有人说杜甫不常写绝句，更擅长律诗，这是在扬长避短。但研究杜诗较深的人则说“公不屑为也”——相比律诗，绝句是雕虫小技，杜甫不屑于多写罢了。

五律是五言律诗的简称，属于近体诗中格律诗的一种；超过八句的律诗，称为长律或排律。排律，一般都是五言的，句数不定，但必须超过八句，句数是偶数，十句，二十句，一百句，乃至二百句以上皆可，而且律诗最讲究语言的锤炼，这便要求诗人有很深厚的学养。

绝句由四句组成，分为律绝和古绝。律绝有严格的格律要求。古绝虽然押韵，但相对来说平仄较为自由，或者可以说有些诗人不愿受格律的约束。在律绝盛行以后，古绝句仍然被沿用发展下来。

杜甫的绝句虽然为数不多，但大多是精品中的精品。“迟日江山丽，春风花草香。泥融飞燕子，沙暖睡鸳鸯。”“江碧鸟逾白，山青花欲燃。今春看又过，何日是归年？”“两个黄鹂鸣翠柳，一行白鹭上青天。窗含西岭千秋雪，门泊东吴万里船。”“锦城丝管日纷纷，半入江风半入云。此曲只应天上有，人间能得几回闻。”“黄四娘家花满蹊，千朵万朵压枝低。留连戏蝶时时舞，自在娇莺恰恰啼。”……

眼看在成都生活一段时间了，一次，在去诸葛亮的武侯祠的路上，那里有着茂盛的松柏树林，而武侯祠就在树林的最深处，来来往往络绎不绝的人去拜见。杜甫在这里听着鸟鸣声，看着树林深处深深浅浅的绿意，想着诸葛亮才五十四岁，便死在了五丈原的军中，是一个无可否认的英雄。杜甫拜谒武侯祠，眼泪湿了衣襟，他敬畏诸葛亮，但是，他也替诸葛亮悲哀，他写下了《蜀相》：

丞相祠堂何处寻，锦官城外柏森森。
映阶碧草自春色，隔叶黄鹂空好音。
三顾频烦天下计，两朝开济老臣心。
出师未捷身先死，长使英雄泪满襟。

也许因为安史之乱还没有平息，睹国势艰危，生灵涂炭，而自身又请缨无路，报国无门，对开创基业、挽救时局的诸葛亮更是倍加敬重。“丞相祠堂”在成都市南郊，诸葛亮在这里主持国政二十余年，立下了勋业。不称“蜀相”，而用“丞相”二字，倍觉亲切。“寻”字是专程来访，也因杜甫初到成都环境生疏。想来诸葛亮尽

忠蜀国，不遗余力，雄才大略而又忠贞不渝，杜甫以议论入诗，又情韵备至，不仅没有冲淡诗的气氛和完整形象，反而使抒情气氛更为浓重，形象更为丰满，“沉挚悲壮”。最后叙事兼抒情，加上前面六句的铺垫，收束得既有精神，又有余味，正所谓“宕出远神”。

我国的古典诗歌中，凭吊古迹的作品非常多，杜甫的抒情却令其余者难以望其项背。

只是，眼看着“二月已破三月来”，杜甫始终看不到“渐老逢春”的希望。

茅屋为秋风所破

草堂为杜甫在成都的所居之地，尽管中原战事依然混乱，但杜甫总算是结束了流离失所的生活，算是有了一处栖身之地。在这里，他有时候能体会到自然的微妙，如“自在娇莺恰恰啼”，但若是暴风雨来袭，屋里就会落魄一片，有一棵高大的榕树，也在一场暴风雨中连根断掉。

这年的八月，狂风怒号，连屋顶上的茅草都被卷走了。杜甫和家人在凄风苦雨中，瑟瑟发抖。天很冷，儿女团在床上，眼看着床铺都被雨淋湿了，便拿了被子裹在身上。

南村的一些小孩子，将杜甫草堂顶被风吹得

遍地都是的茅草，当着杜甫的面，抱进竹林中去。杜甫心里着急，连忙出门喊："喂，喂，留下这些草，你们这些小孩子，不可以拿跑。"然而大声疾呼，嗓子都喊哑了也没有用。

杜甫拄着拐杖叹着气。后来，他写下了千古名篇《茅屋为秋风所破歌》：

> 八月秋高风怒号，卷我屋上三重茅。
> 茅飞渡江洒江郊，高者挂罥长林梢，
> 下者飘转沉塘坳。
> 南村群童欺我老无力，
> 忍能对面为盗贼。
> 公然抱茅入竹去，唇焦口燥呼不得，
> 归来倚杖自叹息。
> 俄顷风定云墨色，秋天漠漠向昏黑。
> 布衾多年冷似铁，娇儿恶卧踏里裂。
> 床头屋漏无干处，雨脚如麻未断绝。
> 自经丧乱少睡眠，长夜沾湿何由彻！
> 安得广厦千万间，
> 大庇天下寒士俱欢颜，
> 风雨不动安如山！
> 呜呼！何时眼前突兀见此屋，
> 吾庐独破受冻死亦足！

用痛苦让人们接近历史本身，本就像是让真相在自己身上碾压过去。当我们用风云变幻和荡气回肠形容历史的时候，却忘了真正的历史是用怎样的血泪铸就的。杜甫，他不用浪漫的精神世界安慰自己，虽然他并非完全不可以，因为现实于他的摧残，和普通百姓比起来，还是多了几丝扭转的机会。然而，敢于写出生灵涂炭的人是不是更有勇气也更有道义，这是个文学史上争论不休的问题，但成为圣人，该有怎样的心路历程，杜甫告诉我们了。

761 年 12 月，严武任成都尹兼剑南两川节度使，到成都就职。作为早年就相识的朋友，二人交情颇深，何况严武与杜甫家是世交，所以自然也会相互照应。

在草堂的日子，严武不仅在诗作上与杜甫沟通较多，在生活上也对他颇多关照——严武常常来到这里拜访杜甫，有时还亲自带着酒菜，引三五朋友，欢聚一堂。这也让杜甫在成都的生活，有了最现实的支援——物质和精神。

杜甫每每喝几杯酒，便按捺不住劝严武多做体恤百姓的善事，比如牢里那么多没有判决的囚犯，不少满腹冤屈，实在应该赦免，若是积怨一空，也许大唐甘霖将至……

严武有些尴尬，但依然点着头：“杜兄言之有理……言之有理。”

四月间，玄宗和肃宗先后驾崩，代宗李豫上位，七月召严武入朝，杜甫又要与好友相别了。他一路送严武到绵州，又再送，后来杜甫写下《奉济驿重送严公四韵》：

远送从此别，青山空复情。
几时杯重把？昨夜月同行。
列郡讴歌惜，三朝出入荣。
江村独归处，寂寞养残生。

二百里外的奉济驿，青峰伫立，途程几转，然而送君千里，也终须一别。二人登陆上岸，严武了解杜甫，知道杜甫心系朝堂，“养残生”终是寂寞委屈。

他信心满满地对杜甫说：“杜兄保重，我先行一步，相信不日将会再见。”

杜甫苦笑了一下，点点头：“严武兄弟保重，身居要职，一定要廉洁勤勉……”

此去，严武必将担任要职，也说明此前房琯一系都将得到重任，杜甫眼看着也将会有很不错的政治前景。

只是所谓战乱，就是各式各样的措手不及。

杜甫和严武都没有想到，成都少尹兼御史徐知道在严武离开之后，自称成都尹，兼御史中丞剑南节度使，并于七月起兵叛乱。蜀中道路自此阻隔，严武入京之路受阻，而杜甫流亡到了东川梓州。

虽然此次叛乱时间并不久，于八月中下旬叛军就被高适所击败，但当时的成都也像安史之乱中的长安与洛阳一般陷入了混乱。杜甫听到了这一切，瞬间觉得天色又黑暗起来。

杜甫在梓州，然而家小们仍在草堂，还不知道他们生活的环境是不是有了变化……

他急匆匆地写信给家里，幸运地收到了回信，杨婉让他不要担心家人，自己尽快去相对安全的地方。

妻子的担心让杜甫更惆怅。周围吹角连营，不断有战役发生。夜深，月将落。江声来自远方，枕上卧而听之，似高出于头上。杜甫彻夜难眠，在梓州的小客栈里，他写下了《客夜》：

客睡何曾著，秋天不肯明。
卷帘残月影，高枕远江声。
计拙无衣食，途穷仗友生。
老妻书数纸，应悉未归情。

杜甫无法自己逃生，所幸，高适接替严武担任成都尹，杜甫想尽办法赶回草堂，连同家人一起逃往梓州。杜甫来不及和高适相见，便留下一首《寄高适》：

楚隔乾坤远，难招病客魂。
诗名惟我共，世事与谁论。
北阙更新主，南星落故园。
定知相见日，烂漫倒芳尊。

杜甫在给别人的诗里，从来未曾彻底地绝望过，他给所有人安慰和鼓励，在阴雨连绵的日子，想着过去，说着未来的山花烂漫。

在成都尹崔光远的部将花敬定唱和的酒局上，听到悦耳的丝竹，杜甫心里只是悲凉，他写下《赠花卿》，小心地藏好内心的不平：

锦城丝管日纷纷，
半入江风半入云。
此曲只应天上有，
人间能得几回闻。

杜甫觉得自己的不平之气似乎是骨子里带来的。此前在安史之乱中护送唐玄宗的段子璋居功自傲，曾一度谋反，花敬定因平叛段子璋立功，高调已极，吃穿用度极为奢侈，礼乐排场也远远越了礼制。大唐雅乐代表的伦理纲常，若有违背之处，都是忤逆。在杜甫听来，音乐确实美如天界之音，然而这只应“天界”才有的音律，只怕，这里又包含着蠢蠢欲动的狼子野心。

见多了生离死别也经历着生离死别的杜甫，多么痛恨这些狼子野心。

广德元年，也就是 763 年正月，史思明之子史朝义兵败自缢，其部下割了他的头颅向唐军投降。河南、河北的大片土地相继被官军收复，延续了七八年的安史之乱终于平息了。在梓州的杜甫听到这一消息，不禁欣喜若狂，眼泪瞬间涌出眼眶，杨婉也喜笑颜开，脸上全是红晕。他们一起收拾衣物，胡乱塞进箱子，顾不得摆整齐——那一刻，杜甫觉得从此可以结束异乡流浪的生活，动身穿过巴峡再穿过巫峡，经过襄阳、洛阳，直到回归故乡。

他写出了那首惊心动魄的诗，将郁结之气抒发得彻底，更成为所有动乱之时人们内心的悲壮之音——《闻官军收河南河北》：

剑外忽传收蓟北，初闻涕泪满衣裳。
却看妻子愁何在，漫卷诗书喜欲狂。

白日放歌须纵酒，青春作伴好还乡。

即从巴峡穿巫峡，便下襄阳向洛阳。

由安史之乱而漂泊到剑门之外已是好几个年头，杜甫无时不期望着能够平息叛乱，叶落归根。“忽传”“初闻”“却看”“漫卷”的连续动作，将惊喜的心情呈现得淋漓尽致。而“即从”“穿”“便下”“向”，在富有节奏的描述中，我们仿佛已随着他穿过巴峡、巫峡，路过襄阳、洛阳，回到了梦寐以求的家乡。后人说：“此诗句句有喜跃意，一气流注，而曲折尽情，绝无妆点，愈朴愈真。”人们认为它是老杜“生平第一首快诗”。

只是，所谓平定天下，对走下坡路的唐代而言，已是旧梦。

代宗广德元年（763 年），杜甫 51 岁。时间过得真快，转眼间他从不惑之年步入了知天命之期，对杜甫来说十年前的情境还历历在目，转眼却已十年之后。这中间经历了那么多磨难，他奔波、迁徙，这一生几乎都在大唐的疆土上顺势而为或是逆势而出。

这些年来，杜甫的求官路，就是他的生存之路，从东到西，从南到北，一个接一个的行程，一首接一首的佳作，让他的名字传遍大唐，他关注着大唐的各个角落。他去过的地方，连他自己都记不清了，但是他没去过的地方，屈指可数。大唐的美景，从山水到古迹，他几乎看遍；大唐的惨象、饥荒、死亡，他几乎亲历。他一生飘零，年轻的梦想和他现在的晚景形成对比，他对世间种种有了更深、更细、更复杂、更坦然的理解。他的诗文，他的心绪，他的思量，都在那些字词中，渗出了一股沧桑之感。杜甫的诗收住了情绪，却暗流汹涌。

杜甫也曾在迷茫中问自己，如果有人给他一个更理想的官职，可以有更多的作为，却需要出卖自己的心，他会怎样。然而历史上我们看到，虽然他求官那么多年，但他知道不管自己走了多远，都还记得自己的初衷。只是如今，大唐乱成这个样子，百业凋零，人心惶惶，重建还需时日。

幕府生活

尽管求仕之心不再，但做幕宾对杜甫来说确实是不错的选择。一来，杜甫的名声可以给官宦贴金些许；二来，杜甫学识一流，他的洞见即便视为清谈也是好的。只是杜甫不得不陪他们唱和饮酒，玩乐打猎。而他的内心却如此焦虑——他认为自己就像一头丧家之犬，小心应付着，为了